혜민 스님의
따뜻한 응원

365일 마음 달력

혜민 지음 | 이영철 그림

어디를 가시든 항상 보호받으시길

어디를 가시든 항상 인정 받으시길

어디를 가시든 항상 사랑 받으시길

해미

혜민 스님의 따뜻한 응원
- 365일 마음 달력

1판 1쇄 발행 2016년 12월 18일
1판 24쇄 발행 2018년 12월 8일
2판 1쇄 발행 2019년 11월 26일
2판 9쇄 발행 2020년 9월 25일

지은이 혜민
발행처 (주)수오서재 **발행인** 황은희, 장건태
편집 최민화, 마선영, 박세연 **마케팅** 이종문, 황혜란
디자인 행복한물고기 **제작** 제이오
주소 경기도 파주시 돌곶이길 170-2(10881)
등록 2018년 10월 4일(제406-2018-000114호)
전화 031)955-9790 **팩스** 031)946-9796 **전자우편** info@suobooks.com
홈페이지 www.suobooks.com
ISBN 979-11-90382-06-9 00810

ⓒ 혜민, 2016
이 책은 저작권법에 따라 보호받는 저작물이므로 무단전재와 복제를 금합니다.
이 책 내용의 전부 또는 일부를 사용하려면 반드시 저작권자와 도서출판 수오서재에게 서면 동의를 받아야 합니다.

도서출판 수오서재守吾書齋는 내 마음의 중심을 지키는 책을 펴냅니다.

ⓒ 조세현

"순간순간 사랑하고, 순간순간 행복하세요.
그 순간이 모여 당신의 인생이 됩니다.
당신의 하루하루가 만족과 감사로 채워지시길…"

그림 이영철

—

세상의 작고 여린 곳을 자애의 시선으로 바라보는 화가 이영철. 그의 그림에는 순수함과 해학이 담긴 소시민의 사랑과 희망, 그리고 너른 들판에 핀 꽃들 같은 풍요로움이 서려 있습니다. 1960년 경북 김천에서 태어난 그는 안동대 미술학과와 계명대 대학원 회화과에서 서양화를 전공했습니다. 20여 회의 초대 개인전과 200여 회의 국내외 단체전에 참여했으며, 현재 전업작가로 활동하고 있습니다.

namusai33.tistory.com

글 혜민 스님

—

편안하고 따뜻한 소통법으로 많은 이들에게 위로와 용기의 메시지를 전달하는 친근한 '동네 스님'. 훈계가 아닌 공감을 통해 삶의 문제에 다가가고, 추상적 의미를 구체적이고도 쉽게 전달하는 화법으로 카카오스토리, 페이스북, 인스타그램에서 300만 명이 넘는 팔로워와 소통하고 있습니다. 하버드대에서 비교종교학 석사, 프린스턴대에서 종교학 박사 학위를 받고, 이후 미국 매사추세츠 주의 햄프셔대에서 종교학 교수로 7년간 재직했습니다. 하버드 시절 출가를 결심해 2000년 봄 해인사에서 사미계를, 2008년 직지사에서 비구계를 받으며 조계종 승려가 됐습니다. 현재는 서울 인사동과 부산 센텀에 〈마음치유학교〉를 설립하여 뜻을 같이하는 이들과 함께 심리적으로 힘들어하는 이웃을 위한 다양한 치유 프로그램을 운영하고 있습니다.

www.maumschool.org

December 12.31

한 알의 사과 안에는 온 우주가 담겨 있습니다.

땅의 영양분, 햇볕, 산소, 질소, 비, 농부의 땀이 들어 있습니다.

온 우주가 서로서로 의지하며 살아가고 있습니다.

내 안에는 그럼 무엇이 들어가 있을까요?

감사의 삶이 되시길 바랍니다.

오늘 하루는 우리에게 온 선물입니다. 어떤 이는 그 선물을 감사히 받아 소중하게 여길 것이고 어떤 이는 별 생각 없이 그저 그런 하루로 보내고 말 것입니다. 우리는 갑자기 큰 바람이나 목표를 성취할 수도, 단번에 능력을 성장시킬 수도 없습니다. 내면을 키우는 것도 마찬가지이지요. 하지만 하루하루의 작은 노력이 모여 시나브로 변화할 수는 있습니다. 제 부족한 글이 여러분의 하루를 좀 더 밝고 따뜻하게 시작하는 데 도움이 되길 희망합니다. 대문을 나서는 발걸음 하나하나에 깨어 있음과 온화한 미소가 함께하길 희망합니다. 잠시 주위 환경에 끌려다녀도 바로 긍정과 평온한 마음으로 돌아오시길 희망합니다. 어디를 가시나 항상 보호받으시고, 스스로를 먼저 사랑하시길….

— 혜민 두 손 모아

December 12.30

기도하세요.
나와 그가 행복해지길
나와 그가 건강해지길
나와 그가 평화로워지길
계속 기도하다 보면
진짜로 그렇게 됩니다.

"그대의 아픔이 치유되길

그대가 행복해지길

그대의 원이 성취되길"

마음과 세상이 따로 있는 것이 아니라
마음이 곧 세상이라는 말이 있습니다.
그 마음에 어떤 그림을 그리는가에 따라서
세상도 역시 그 그림을 그대로 비추어 보여줍니다.
행복의 그림, 감사의 그림, 만족의 그림을 그리세요.

December 12.29

January 1.1

내가 먼저 나를 아껴줄 때,
세상도 나를 귀하게 여기기 시작합니다.

December 12.28

올 한 해 감사했던 분들의 이름을 하얀 종이에 적어보세요. 생각보다 많아요. 적으면서 우리가 얼마나 서로 의지하며 살아가고 있는지 느낄 수 있습니다. 이메일이나 문자로 고마웠던 그분들께 연락해보세요. 바로 행복해집니다.

행복은

생각이 적을수록,

함께 같이 나눌수록,

지금 바로 이 순간에 마음이 와 있을수록 더해집니다.

December 12.27

누군가의 아픔을 치유한다는 것은,
그런 것 같습니다.
내가 그 사람이 가진 문제의
해결 방법을 알기 때문에
가능한 것이 아니라,
오히려 나도 당신과 같은
비슷한 아픔이 있었다고
마음을 열고 잘 들어주며 공감해줄 때,
또렷한 답이 없더라도
상대는 용기를 얻고 나아집니다.

January 1.3

마음이 고요해질 때
나에 대해서도 세상에 대해서도
보이지 않던 것들이 보입니다.

December 12.26

어떤 학교를 나왔는가가 중요한 것이 아닙니다.
학교 졸업 후에 어떤 삶을 살고 있는가가 중요합니다.

January 1.4

내 마음을 들여다보게 만드는 사람은
나를 칭찬하고 잘해주는
사람이 아니에요.
나의 마음공부는
나에게 모욕을 주고 화를 내고
나를 실망시키고 어렵게 만드는
그런 사람들로 인해 시작하게 됩니다.

December 12.25

사랑한다면 안아주세요,
성모가 하나뿐인 구세주를 안듯이.
들어주세요,
온 우주에 그 사람밖에 없는 것처럼.
눈을 봐주세요,
언어를 잃은 두 영혼이 대화를 하듯이.
같이 춤을 추세요,
마치 내일이 지구 마지막 날인 것처럼.

January 1.5

새해 달력을 선물받거나 새 다이어리를 사면
친한 주변 사람들의 생일 날짜에
그 사람 이름을 적어보세요.
그리고 생일이 오면 가장 먼저
생일 축하한다는 연락을 해보세요.
진정한 행복의 원천은 바로 끈끈하고도
고마운 사람들과의 관계입니다.

December 12.24

다른 사람의 고통이 치유가 되었으면 하는
선한 마음은
내 마음의 고통부터 치유합니다.

January 1.6

세상 모든 것이 영원하지 않습니다.
우리의 고통마저도요.

December 12.23

밤하늘 무수한 별들 가운데 하나를 봅니다.

지구의 많은 사람들 가운데 내가 지금 그 별을 봅니다.

사람과 사람의 만남도 이처럼 수천만 분의 일의

우연과 같은 필연으로 인연을 맺습니다.

January 1.7

나 자신에게도 좋은 사람이 되세요.
사랑하면 그 사람하고만 시간을 보내고 싶듯
오늘은 사랑하는 '나'하고만 한번 시간을 보내보세요.
맛있는 것도 사주고, 좋은 영화도 보여주고,
경치 좋은 곳으로 데려도 가주고 해보세요.
사랑하는 사람에게 공들이듯 나에게도 공들여보세요.

December 12.22

내 머리에서 떠오른다고 그 생각들이 다 사실은 아닙니다.
특히 내 상황이 좋지 않을 때 떠오르는 생각들을 다 믿지 마세요.
몸이 아프면 계속 이렇게 아플 것만 같고
수험생이면 계속해서 캄캄한 터널을 걸을 것만 같고
상실의 경험 때문이면 영원히 이렇게 힘들 것만 같아요.
하지만 절대로 영원한 것이 아닙니다.

January 1.8

지혜로운 이는 좋은 것이 왔을 때
나쁜 것이 올 것도 준비합니다.

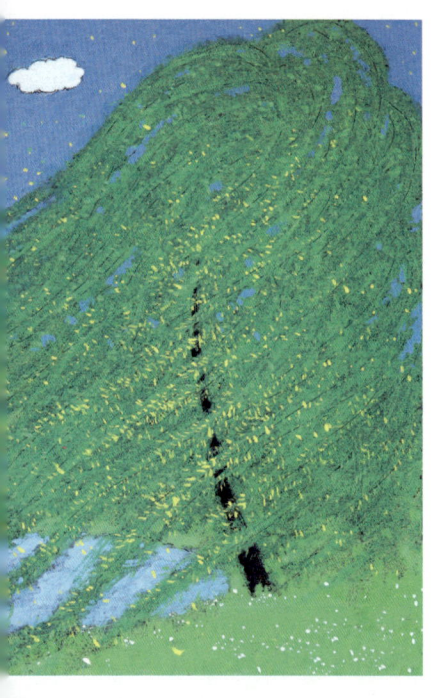

December 12.21

우리가 다른 사람들의 일에
지나치게 간섭하는 것은,
어쩌면 본인 안에 가지고 있는
공허함과 외로움을 마주하는 것이
두려워서일 수도 있습니다.

January 1.9

나는 상대의 거울입니다.
상대는 또 나의 거울입니다.
그래서 지혜로운 이는,
상대로부터 원하는 것이 있으면
이렇게 해달라 말하기 전에
자신이 먼저 그렇게 합니다.

December 12.20

우리는 가족과 친구들에게
과도하게 의지하고 챙겨주고,
또 그래서 상처를 받습니다. 너무
많은 요구를 하고 너무 많은 요구를
받아 결국에는 서로가 감당이 안 되는 채무관계처럼 돼버립
니다. 그래서 관계는 난로를 다루듯 해야 합니다. 너무 뜨겁게
가까이 다가오면 한 걸음만 뒷걸음하세요.

January 1·10

마음의 고통은 해야 할 일을 하지 않고
미루고 있을 때 옵니다.
오늘 몇 시부터는 그 일을 꼭 하겠다고
구체적인 시간을 정해놓고,
그 시간이 됐을 때는 두말없이,
딴생각하지 말고, 그냥 해버리세요.

December 12. 19

순간순간 사랑하고, 순간순간 행복하세요.
그 순간이 모여 당신의 인생이 됩니다.

January 1.11

살면서 가끔은 나를 위한 소박한 사치를 허락하세요.
소박한 사치는 삶을 여유롭고 부드럽게 하는 윤활유와 같아요.

December 12.18

사람들과의 관계에서
상대보다 우위를 차지하고 싶다면,
간단합니다.
더 많이 베풀면 됩니다.
많이 베풀수록
그의 말을 따르고 좋아할 수밖에 없어요.

January 1.12

남들의 이야기를 잘 참고해서 듣긴 해야 하지만
결정은 결국 내가 내리는 것이지요.
결정을 내릴 때, 남 눈치 보지 말고
내 가슴이 하는 이야기를 따르세요.

December 12.17

우리는 어쩌면 "당신을 사랑해요."라는 말보다
"나에겐 당신이 필요해요."라는 말을
더 듣고 싶었는지도 모릅니다.
그 한마디로 내 존재 이유와 가치를
느끼게 되기 때문입니다.
오늘, 나는 당신의 존재를 필요로 한다고
용기 내 말씀해보세요.

힘들 땐

조금 천천히 가도 괜찮습니다.

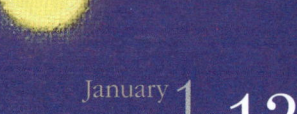

January 1.13

December 12.16

누군가 당신에게 당신 인생의 앞길을 잘 설계해놓았으니 그 길로 가면 성공한다고, 그 길로 가라고 강요한다면 그런데 그 길이 당신이 원하는 길이 아니라면 그냥 도망치십시오. 당신 삶을 사세요. 당신이 진짜 원하는 삶을!

January 1.14

"완벽하게 만들려고 하지 말고
흥미롭게 만들려고 하세요!"
어느 인테리어 디자이너의 충고.

December 12.15

모임에 모인 사람들이 다 아는 어떤 사람에 대해
뒷담화를 하려고 하자 어른 스님께서 말씀하셨다.
"이 자리에 없는 사람에 대해 이야기해 뭐합니까?"

January 1.15

열 받는 말을 들었을 때
바로 문자나 이메일 답장을 하지 말아요.
지혜로운 사람은 일단 잠을 자고
그 다음날 아침에 답신을 보내요.
말을 듣자마자 바로 하는 반응은
두고두고 후회하게 되는 경우가
많기 때문입니다.

December 12. 14

걱정이 많아서 불안할 때 스스로에게 물어보세요.
이렇게 미래에 대해 걱정한다고 바뀌는 것이 있는지.
걱정 때문에 오히려 지금 현재 시간을 놓치고 있는 것이 아닌지.
바뀌는 것이 없다면 걱정하는 그 마음에게 말하세요.
"그 일이 실제로 일어나면 그때 가서 걱정하자!"

January 1·16

사람은 누구나 양면성이 있지요.
어떤 사람이 완벽하게 보인다면
그것은 분명, 내가 그 사람에 대해
잘 모르기 때문입니다.

천상에 태어나도 어떤 이들은
너무 완벽한 것이 또 문제라고 할 것이다.

December 12. 13

January 1·17

큰 바위가 우리에게 가르침을 줍니다.
사람들의 스치는 칭찬이나 비난에도
쉽게 동요하지 말고 우직하게 그 자리를 지키라고요.

December 12.12

'내 성격은 원래 이래.'라고
규정지어버리면
내가 정해놓은 성격의 틀 때문에
새로운 것을 경험할 수 없어요.
나에 대한 고집스런 관념들이
결국은 나를 가두는 감옥이 됩니다.
스스로에게 쳐놓은 관념의 그물에 걸려들지 마세요.

우리는 때로
누군가가
나를 믿어준다는
사실만으로 살아갈
힘을 얻습니다.

January 1.18

December 12.11

다른 사람이 좋은 일을 하는 것을 보는 것만으로도 행복해집니다.
연말입니다. 우리 이번 주, 남을 위한 착한 일 한 가지씩 해보아요.
의도적으로 노력하지 않으면 평생 소심한 방관자가 될 수 있습니다.

January 1·19

미워하는 사람을
내 마음 안에 담아둘 필요가 있을까요?
그 사람, 내 마음의 방에 장기투숙시키지 말고
빨리 용서한 다음 바로 쫓아내버리세요.

December 12.10

한 사람과의 관계가 완전히 깨지고 난 뒤에도
그 사람에 대해 나쁘게 이야기하지 않는다면,
그것이야말로 진정한 사랑을 했다는 증거입니다.

January 1.20

사랑은 편합니다.
사랑은 따뜻합니다.
사랑은 자유롭습니다.
사랑은 아이처럼 순수합니다.
사랑은 다른 의도가 없습니다.

December 12.9

아무도 가지 않은 길을 걸어가려면
좀 무섭고 용기가 필요해요.
하지만 한 발짝 한 발짝
앞으로 걷다 보면
앞의 길이 하나씩 보이기 시작합니다.
누구처럼 되려고 하지 말고
나만의 빛깔을 찾아
한번 도전해보세요.

January 1.21

누구를 미워하는 것은
내 마음속에 그 사람의 모습을
잊지 못하도록 새기는 일.
그래서 다음 생에 또 만나는 인연을 만드는 일.

December 12.8

내 마음의 틀에 딱 맞으면 그는 착한 사람이고
내 마음에 맞지 않으면 착하지 않은 사람입니다.
그러고 보면 내 마음이 있고 나서 착한 사람, 나쁜 사람이 생겼지
착하고 나쁜 것이 따로 본래부터 존재한 것이 아닙니다.

JANUARY 1.22

좋은 친구는 마법사다.
내 기쁨을 두 배로 늘려주는 마법사.

December 12.7

지금 스트레스가 많고 힘든 것이 혹시 내 마음 안에 다른 사람 말이나 생각이 많이 들어와 있어서 그런 것은 아닌지 한번 살펴보세요. 단식을 하듯 며칠 전화와 인터넷을 끊고 내 몸과 마음에 귀 기울여보세요. 내 마음이 정상적인 컨디션으로 돌아옵니다.

January **1.23**

사회봉사활동을 점수 때문에 시작했어도
하다 보면 봉사활동 자체에 의미를 느끼고
나도 몰랐던 내 안의 자비심을 어느 순간 발견하게 됩니다.
그래서 좋은 일은 어떤 계기로 어떻게 시작했든 상관없이
무조건 해보는 것이 중요합니다.

December 12.6

나에게 흠이 좀 있어도 괜찮아요.
어떻게 우리 삶이 학처럼 하얗고 깨끗할 수만 있을까요?
살다 보면 몸과 마음, 관계에서 흠집이 날 수 있어요.
흠이 생길까 두려워 아무것도 하지 않아 결점 없는 삶보다는
실패와 상처 속에서 성장하는 삶을 택하세요.
그리고 분투하고 있는 내 삶에게
"난, 너 무지무지 사랑한다."라고 큰 소리로 외쳐주세요.

January 1.24

구름이 슬픔을 이겨내는 방식은
울 수 있을 때까지 우는 것입니다.
슬플 땐 구름처럼 좀 울어도 괜찮아요.

December 12.5

"꼭 최고가 아니어도 괜찮아.
이류면 어떻고 삼류면 좀 어때?
나는 노력하는 내가 좋아.
나는 나를 더 사랑해줄 거야."
이렇게 다짐하세요.

January 1.25

3년 전엔 버리기 아깝다고
느꼈던 물건들을
방 정리를 하면서
지금 버리려고 내놓는
나를 보면서 느꼈습니다.
물건들과 헤어질 때도
사람과 헤어질 때처럼
마음 정리할 시간이
필요했었구나.

December 12. 4

사는 게 힘들어
오늘은 걷는 것조차 힘들다고 느껴진다면
걸음을 그냥 반보씩 천천히 걸어요.
천천히 걷다 보면 느껴져요.
내가 감당할 수 있는 정도의
걸음으로 걸으면 괜찮아진다는 사실을.
내가 감당할 수 없는 속도로 갔기에
지금까지 힘들었다는 것을.

내가 부러워하는 사람도 알고 보면 '지옥 한 칸' 안에 살고 있어요.

다 가진 것 같아 보이는 사람 역시도 '지옥 한 칸'입니다.

보이는 것이 다가 아니에요.

December 12.3

비우는 공부가 필요합니다.
우리는 채우려고만 하는데
사실 비움 안에
온전함과 지혜가 있습니다.

January 1.27

마음 본성은 거울과도 같아서
더럽혀진 적도
더럽혀질 수도 없습니다.

December 12.2

겨울이라 많이 춥지요.
어느 광고 보니까 '사람이 난로다.'라고 했는데
정말로 우리는 서로서로가 있어서
몸과 마음의 추위를 녹일 수 있는 것 같아요.
다른 사람에게 오늘 내가 따스한 난로가 됩시다.

January 1.28

사람은 가까이서 보면
누구나 모순되고 약한 존재들입니다.
말과 행동이 상황에 따라 다르고,
누구 앞에서 이야기하느냐에 따라 다르게 말하며,
타인에겐 잘하는데 가족에겐 오히려 함부로 대하고,
가치관도 상황에 따라 금방 변하는….
성숙은 이런 불완전하고, 앞뒤 맞지 않는 모습을
자기 스스로 돌아보면서 성찰하는 것에서 시작합니다.

December 12.1

나는 나를 둘러싼 세상이
참 바쁘게 돌아간다고 느낄 때
한 번씩 멈추고 묻는다.
"지금, 내 마음이 바쁜 것인가,
아니면 세상이 바쁜 것인가?"

January 1.29

한집안에서 자란 형제도
각기 다른 관점과 습관이 있어요.
나에게 맞추라고만 하지 말고
다름을 허락해주세요.

November 11.30

혼자 있는 것을 즐기거나
그 자체를 즉시하면
고요한 홀로 있음이지만
그 상태로부터 벗어나려 하는 순간
외로움으로 변합니다.

January 1·30

지금 잔꾀 부리지 않고 성심을 다해 일하는 것,
가끔은 아무도 알아주지 않는다고 생각되지만,
시간이 가면 갈수록
당신의 성실성은 빛이 나게 마련이에요.

사람의 성품은 본인에게 아무런 이득을 줄 수 없는 사람에게
어떻게 대하는지를 보면 알 수 있습니다.

November 11.29

JANUARY 1·31

나를 욕했을 때 울컥하고 올라오는 그 마음이나,

나를 칭찬했을 때 헤헤거리는 그 마음은

사실 둘이 아닙니다.

November 11.28

생각을 많이 하면 무엇을 하기 힘듭니다.
그냥 바로 해버리면 되는데 생각을 자꾸 일으키며 저항하니까
'못한다, 힘들다, 어렵다.' 합니다.
아침에 일찍 일어나 머리가 맑고 생각이 없을 때
바로 그 일을 해버리세요.

February 2.1

당신이 저를 순수하고 선하다고 느끼는 까닭은
바로 당신이 순수하고 선하기 때문입니다.

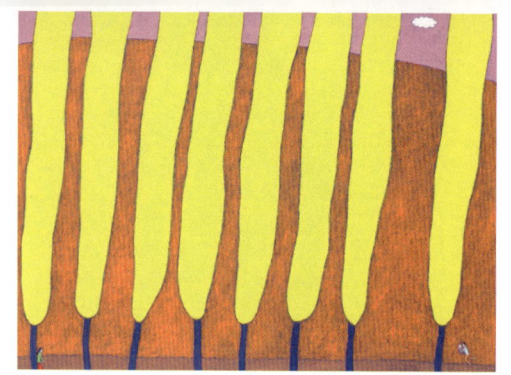

November 11.27

아무리 서운해도 마지막 말은 절대로 하지 말아요.
그 마지막 말이 좋았던 시절의 기억마저도
모두 불태워버릴 수 있기 때문입니다.
사람은 변했어도, 상황은 달라졌어도
추억은 그래도 남겨둬야 하잖아요.

February 2.2

마음이 내면을 향해 있으면
아무리 세상이 소란스럽더라도
중심을 잃지 않고 평안을 찾을 수 있습니다.

November 11.26

지금 힘드신 거, 지나가는 구름입니다.

인생 전체를 두고 봤을 때 잠시 지나가는 구름입니다.

그러니 기죽지 말고 힘내세요.

February 2·3

나를 향해 이러쿵저러쿵 하는 말들을
적당히 무시하고 사는 법을 익히십시오.
일일이 다 마음을 쓰면 불행해집니다.

November 11.25

머리로는
너무 그렇게 미워하지 말아라,
나를 위해 그를 용서해라,
친구의 성공을 질투하지 말아라,
이렇게 말하지만 가슴은 머리의 말을 듣지 않을 때가 있지요.
이럴 때 기도하세요. 기도는 이럴 때 필요한 것입니다.

February 2·4

무언가를 배우는 데 가장 큰 장애는
모르는데 아는 체하는 것입니다.
모른다 이야기하고 바로 그 자리에서 배우면 되는데
아는 체하니까 계속 모르면서도 아는 것처럼 연극해야 합니다.
자존심을 버리고 솔직해지면 바로 얻을 수 있습니다.

November 11.24

우리는 사람을 미워하면서 그리워한다.
미움도 마음에 진한 자국을 남기는 그리움이다.

February 2.5

그 누구에게도 내 인생의 결정권을 주지 마십시오.
내가 내 삶의 주인입니다.

November 11.23

우리는 모르고 사람들에게 상처를 줍니다.
상처를 주면서도 주는지 모르기 때문에 상처를 줍니다.
그래서 진정한 참회는 알면서 준 상처에 대한 것뿐만 아니라
모르고 상처 주었던 많은 인연들을 향한 것입니다.

February 2.6

음악이 아름다운 이유는

음표와 음표 사이의 거리감, 쉼표 때문입니다.

말이 아름다운 이유는

말과 말 사이에 적당한 쉼이 있기 때문입니다.

November 11.22

생각이 나와 다를 수 있어요.
다를 때 그냥 '다르다.'라고 말해야지
'네가 틀렸다.'고 말하면 상대가 상처받아요.
입장 바꿔서 한번 생각해봐요.
내 생각이 틀렸다고 하면 나는 어떤 느낌일지.

February 2.7

탐욕의 반대말은 금욕이 아니고
만족할 줄 아는 마음입니다.

November 11.21

좌절과 실패도 삶의 일부분입니다.
도망가지 않고 조용히 받아들이면
그다음이 보입니다.

February 2.8

나의 있는 그대로의 모습을
온전히 받아줄 사람이
이 세상에 단 한 사람이라도 있다면
그 사람은 불행하지 않습니다.

November 11.20

죽기 전에
내가 꼭 가보고 싶은 곳들,
경험해보고 싶은 일들,
만나보고 싶은 사람들을 쭉 적어보세요.
그리고 그냥 그것들을 꾸준히 하세요.
하나씩 하나씩.
다른 사람 눈치 보지 말고,
이것저것 너무 고민하지 말고,
우리, 그렇게 살아요.

February 2.9

"사랑한다면 이 정도는 네가 나를 위해
맞춰줘야 하는 거 아니야?"라고 말하는 거,
엄밀하게 말하면 자기 욕심이지 사랑이 아닙니다.

November 11.19

사자를 잡아먹는 것은 몸집 큰 험한 동물이 아닌
사자 몸에서 나온 사자충입니다.
가장 큰 타격을 주는 적은
내부에 있거나 나를 잘 아는 사람인 경우가 많습니다.

February 2.10

이것이 나타나면
수행이고 뭐고
일체 초토화된다.
'만사가 귀찮다는 느낌.'

November 11.18

아주 작은 일들이라 해도
내 마음과 영혼과 지성을 총동원해 정성으로 해보세요.
그것이 바로 성공의 비밀입니다.

스와미 시바난다

February 2.11

진리는 찾는 것이 아니고
마음이 고요해지면
드러나는 것입니다.

November 11.17

집착은 '집착을 놓아야지.' 하는 생각으로 놓아지지 않습니다.
오직 그 집착의 끝에 어떤 고생이 나를 기다리고 있는지
통찰해냈을 때, 그 지혜의 힘으로 놓을 수가 있습니다.
칼끝에 묻어 있는 꿀을 먹고자 달려들고 있지는 않은지 보세요.

February 2·12

마음이 숨으로 돌아와
고요하고 잡념이 없는 상태에서
깨어 있다 보면 문득 느낍니다.
세상의 그 어떤 것들보다
지금 내 마음의 온전함과 평화로움이
더 소중하다는 사실을요.

November 11.16

힘들었던 과거가 내 미래를 정의하도록 내버려두지 마세요.
내 안에는 아픔 속에서도 싹이 터 새롭게 다시 솟아나려는
변화의 생명력이 자리 잡고 있습니다.
그 생명력을 믿고 힘들었던 과거에 공경의 합장 인사를 올리며
"지금부터는 내가 좀 행복해지려고 합니다." 하고 다짐해주세요.

February 2.13

내 안에 외로움, 슬픔, 두려움과 같이
힘든 감정이 올라왔을 때,
내가 할 수 있는 가장 용감한 일은
그 감정들과 잠시 같이 있어 보는 것입니다.

November 11.15

집이 어지럽고 청소하기가 귀찮으세요?
그러면 친구를 집으로 초대해보세요.
30분 안에 집 안 청소를 다 하고도 남을 힘이 갑자기 솟아요!

February 2.14

사랑한다면
내가 봤을 때 그 사람에게 필요한 것을 해주는 것이 아니라,
그 사람 본인이 원하는 것을 해주세요.

November 11.14

우리는 병이 없어서 오래 사는 것이 아니에요.
병이 있어도 그 병을 잘 관리해가면서 오래 사는 것입니다.
투병 중인 분들, 또 그 곁을 지켜주시는 분들,
희망을 잃지 않으시길….

February 2.15

오랫동안 같이했으니까 표현을 안 해도
그냥 다 알겠지 하면
그냥 다 모릅니다.

November 11.13

사랑도 와인처럼 세월이 지나면 지날수록,
귀중하게 여기면 여길수록 더 깊어집니다.
편안함, 추억, 우정과 책임감이 함께하는
깊은 사랑은 영성을 밝힙니다.

February 2·16

너무도 원하면,

그 원하는 마음 에너지 때문에

부자연스럽고 긴장하고 정체될 수 있어요.

결과를 하늘에 맡기고 편안하게 숨 한 번 크게 쉬고 웃어봐요.

November 11.12

가슴에 사랑이 있으면
세상은 아름답게 보입니다.
가슴에 사랑이 있으면
잔잔한 기쁨이 솟아납니다.
또한 사랑은
마음을 열고 경계를 지웁니다.
사랑하세요. 세상을 사랑하세요.

February 2.17

우리에게 지금 필요한 것은 진중함이나,
무조건 열심히 하는 것이 아니고
즐기는 것입니다.
유머가 있을 때
삶이 풍성해지고 여유가 생겨요.

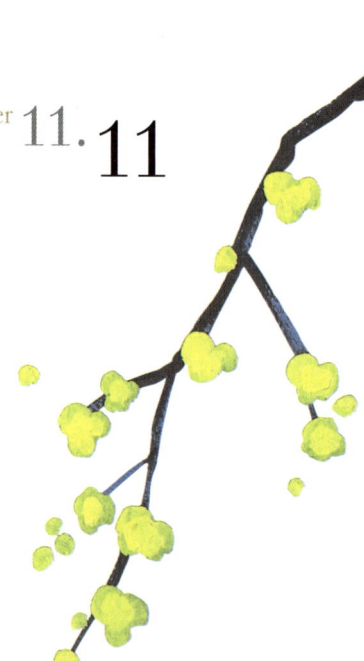

November 11.11

사랑하는 사람의 손만 잡고 있어도
자신에게 찾아온 고통이
혼자 있을 때보다
훨씬 경감되게 느껴진다고 합니다.
아플수록 더 사랑하세요.

February 2·18

지금 마음이 복잡하고 갈등하고 계시나요?
잠을 푹 주무시고 나면 그 문제가 달리 보일 것입니다.
정말로 틀림없이 그렇습니다.

November 11.10

아이들은 자신의 상처를 남에게 보여주고 싶어 합니다.
다른 사람들의 관심과 걱정을 얻어내고 싶어서지요.
그런데 가만히 보면 어른들 역시 마찬가지입니다.
아프거나 힘들 때, 슬프고 억울할 때
속으로만 참지 말고 때론 아이처럼 상처를 보여주고
"나 많이 아팠어." 하고 말하세요.

February 2.19

몇 백, 몇 천만 원짜리 명품 가방을 가지고 다니면 뭐하나요.
사람이 명품이 아니라면.

November 11.9

하던 일이 잘 안 되는 순간이 오면
눈앞의 작은 일에 최선을 다해보세요.
지금 당장 할 수 있는 일은 작은 일들이고
그것들이 계속해서 쌓이면 큰일이 됩니다.

February 2·20

그냥 소신 있게 밀고 나가요.

원래 세상 사람 모두를 만족시킬 순 없거든요.

소수의 비판이 두려워서

지금 내 의견을 말하지 않는 것이라면, 좀 그렇잖아요.

November 11.8

내가 지금 느끼는 감정이
사랑인지 아닌지 헷갈릴 때가 있지요.
이럴 때 사랑인지 아닌지 알 수 있는
리트머스지와 같은 질문이 있습니다.
'내 것을 마구 퍼주어도 아깝지 않습니까?'
하나도 아깝지 않으면, 사랑입니다.

February 2.21

마음을 거칠게 쓰면 몸도 거칠어집니다.
반대로 마음을 부드럽게 쓰면 몸도 같이 부드러워집니다.

November 11.7

질문: 스님에게 세상에서
　　　가장 소중한 것은 무엇입니까?
대답: 바로 내 앞에 계신 사람이요.

February 2.22

생각은 크게 하고

실천은 작은 것부터 하십시오.

왜냐하면, 작은 생활의 변화에서

큰일을 해낼 수 있는 인연이 만들어지기 때문입니다.

November 11.6

미슐랭 별 세 개 받은 최고의 요리사 음식도
그냥 별로라고 생각하는 사람이 이 세상엔 꼭 있어요.
그 누구도 세상 모든 사람을 다 만족시킬 수는 없습니다.

February 2.23

운전을 잘 못하는 사람은
운전 중에 브레이크 페달을 자주 밟습니다.
대화를 잘 못하는 사람은
대화 중에 상대방의 이야기를 끝끼지 듣지 않고
자신의 이야기로 브레이크를 자주 겁니다.

November 11.5

시험이나 면접 보기 전에 항상 기억하세요.
나는 내가 생각하는 것보다 훨씬 더 많이
알고 있다는 사실을요.
우리 무의식에 엄청나게 담아두고 있어요.
자신감을 가져도 돼요.

February 2.24

다른 사람을 치는 것은

자기 스스로가 당당하지 않고 불안해서 그래요.

November 11.4

나를 가장 힘들게 만드는 사람이 사실 알고 보면
나에게 가장 큰 깨달음을 줍니다.
나를 어렵게 하는 사람 때문에 마음공부하게 됩니다.

February 2.25

내 안의 상처가 있기에
다른 이들의 상처도 보듬을 수 있습니다.
나도 한때 부족했기에, 그리고 지금도 많이 부족하기에
다른 이들을 용서하고 실수를 품어줄 수 있습니다.
나의 아픔이 다른 이들을 향한 자비심의 씨앗이 되기를….

November 11.3

당신이 아름다운 이유는,
다른 사람보다 더 멋있고 더 능력 있고
더 매력적이기 때문이 아닙니다.
세상에 당신 같은 존재가
당신밖에 없기 때문입니다.
특별한 당신을 당신부터 사랑하십시오.

February 2·26

간절히 소망해요.

이웃 종교끼리 서로서로 존중하고 인정해주는

종교 간의 성숙한 문화가 빨리 정착되기를.

November 11.2

"혜민 스님, 장차 법정 스님처럼 큰스님 되세요."
"네, 감사합니다. 하지만 전 법정 스님이 아닌
혜민 스님이 되고 싶어요."
누구처럼 되기 위해 살지 마세요.
하나밖에 없는 오직 내가 되세요!

February 2.27

영적 성숙은

내 안의 싫은 모습까지도 나의 일부로

인정하고 받아들이는 과정을 수반합니다.

November 11.1

고민도 순번을 정해서 하세요.
아직 일이 일어나지도 않은 일, 머리 아프게 고민하지 말고
그냥 지금 상황에서 바로 고민해야 할 그 한 가지만 고민하고
나머지는 그때 가서 다시 생각해요.

February 2.28

오랫동안 쓰지 않은 물건을
하루에 두세 개씩만 정리해보세요.
버리고 나면 얻는 것이 있어요.
우선 정리된 공간이 주는 편안함이 있고요.
그리고 소중한 물건들만 남아 볼 때마다
그것들이 기분을 좋게 합니다.

October 10.31

남을 진정으로 위하고
남이 잘될 수 있도록 '어떻게 도와줄까?' 고민하는,
그런 선한 마음은
나를 따뜻하고 행복하게 만들어줍니다.
잡념도 없어지고, 보약이 따로 없습니다.

March 3.1

우리는 자신이 생각하는 것보다
훨씬 위대하고 성스러운 존재들입니다.

October 10.30

비가 와서 밖이 좀 어둡고 추울 땐
밝고 따뜻한 방 안으로 돌아오면 아늑하게 느껴져요.
이처럼 세상일이 시끄럽고, 힘든 일이 많이 생기면
내면으로 돌아와 마음공부를 하게 되는 것 같습니다.
어찌 보면 지금 힘든 일들은 나를 공부시키려고
하늘이 기회를 주는 것일 수도 있어요.

March 3.2

기분이 꿀꿀하신가요?
그렇다면 잠자는 아이의 얼굴을
1분만 바라보세요.
평온한 쉼의 물결이 전해집니다.

October 10.29

시험을 망친 것이지 내 인생을 망친 것은 아닙니다.
사업이 실패한 것이지
내 삶이 다 실패한 것은 또 아니에요.
부정적인 일을 겪었을 때
확대 해석하려는 생각이나
말을 경계하세요.

March 3.3

힘들어하는 당신이

곧 나이기에

오늘도 그대를 위해 기도하겠습니다.

October 10.28

아이들이 골목에서 뛰어노는 소리를 할아버지가 들었을 때는 세상에서 이처럼 즐겁고 행복한 소리가 없지만, 삶이 피곤한 이웃이 들었을 때는 소음이 됩니다. 소리는 소리일 뿐인데 마음상태에 따라 달리 경험되지요.

March 3.4

남을 만족시키는 삶이 아닌,
나를 만족시키는 인생을 사세요.

October 10.27

눈을 떠보니 너무도 낯설고 거친 '세상'이라는
연극무대에 나 홀로 내팽개쳐진 것 같은
느낌을 받을 때가 있지요.
오늘 하루의 무게를 벌써부터 느끼고 있는 분들,
제가 응원합니다! 파이팅!

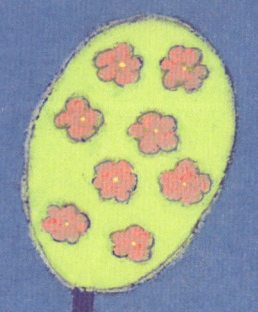

March 3.5

젊게 살고 싶으면
무언가를 하나 배우세요.
아무리 나이가 많아도 학생이 되면
마음이 젊어지고 배울수록 소소한 기쁨을 느껴
타인에게 의존하지 않고도 행복해지는 법을
스스로 알게 됩니다.

October 10. 26

행복은 자기를 잠시 잊고
타인과 깊은 연결감이나 감사함을 느낄 때 찾아옵니다.

오늘 하루,
당신을 힘들게 한 사람도 당신의 스승이고,
당신을 기쁘게 한 사람도 당신의 스승입니다.

October 10.25

생각은 내 의지와 상관없이 일어나기도 하지만
내가 일부러 긍정적인 생각을 할 수도 있습니다.
'청명한 오늘 날씨에 감사합니다.
내 몸이 아프지 않음에 감사합니다.
일을 할 수 있는 직장이 있음에 감사합니다.
커피를 마실 수 있는 여유가 있음에 감사합니다.
좋은 음악을 듣고 책을 읽을 수 있음에 감사합니다.'

March 3.7

식당에서 천 원 차이로 먹고 싶은 것 대신

조금 싼 것을 주문해서 먹는 경우가 있지요.

그런데 막상 음식이 나오면

먹으면서도 후회하고, 먹고 나서도 아쉬움이 남습니다.

인생 짧아요,

처음에 먹고 싶었던 걸로 고르세요.

October 10.24

좋은 인연이란?
시작이 좋은 인연이 아닌
끝이 좋은 인연입니다.
시작은 나와 상관없이 시작되었어도
인연을 어떻게 마무리하는가는
나 자신에게 달렸기 때문입니다.

March 3.8

사람의 삶을 변화시키는 것은

옳은 말보다는

그 사람을 향한

사랑과 관심입니다.

October 10.23

우리는 다 똑같은 사람입니다.
성취하고 소유한 것에 집중하면 다를 수 있어도
사람이 가지고 있는 마음을 들여다보면 같아요.
이 평등심에서 자비가 나와요.

March 3.9

마음이란 놈은
한 번에 두 가지 생각을 동시에 하지 못해요.
두 가지 생각을
동시에 할 수 있나 없나 자세히 보세요.
어때요, 가능한가요?

October 10.22

살면서 나를 이유 없이 괴롭히거나
도저히 이해되지 않는 사람을 만났을 때,
나를 위해 속으로 한 번씩 되뇌세요.
"세상은 넓고, 이상한 사람은 많다."

March 3. 10

원하든 원하지 않든 간에
우리는 서로서로 연결되어 있다.
그래서 나 혼자만 따로 행복해지는 것은
생각할 수도 없다.

달라이 라마

자신의 종교가 소중하면
다른 사람의 종교도
그들에게는 똑같이 중요하지 않을까요?
우리 엄마가 나한테 소중하듯
친구 엄마도 내 친구에게는
세상에서 가장 소중한 분이겠지요.

October 10.21

March 3.11

성자일수록
본인이 죄인이라고 고백합니다.
자신을 속이지 않기 때문이지요.

October 10.20

가을 단풍은 우리에게 나이가 들어도
그 자체가 또 아름다울 수 있다는 것을
가르쳐줍니다.

March 3.12

일기예보에서 비가 온종일 올 것이라고 해도
자세히 보면 중간중간 비가 그칠 때가 있습니다.
병에 걸려 아프더라도 자세히 보면
그렇게 아프지 않은 순간들도 있어요.
하지만 '병에 걸렸다', 혹은 '온종일 비'라는 관념을 가지고 있으면
비가 계속 오거나 혹은 아픔이 항상 있는 것처럼 잘못 느껴져요.
생각에 너무 빠지면 실제보다 훨씬 나쁘게 상상하게 만들어요.

October 10.19

비방만 받는 사람이나 칭찬만 받는 사람은 없었으며
앞으로도 없을 것이다.
칭찬도 비난도 모두 속절없나니
모두가 제 이름과 제 이익의 관점에서 하는 말일 뿐.

법구경 품노품

March 3·13

고민이 있으세요?
그러면 햇볕을 쪼이며 걸으세요.
해 나온 날 걸으면,
마음을 안정시키는
세로토닌 호르몬이 분비돼요.
안정된 마음에서
고민의 해결책 쪽으로 향해 있으면
나도 모르게 신기하게 답이 나옵니다.

October 10.18

다른 사람에게 서운함을 느꼈을 때
우리는 비로소 우리가 예전에 비슷한 방식으로
서운하게 했던 사람의 얼굴을 떠올리며
그때서야 그 사람에게 진정으로 미안함을 느낍니다.

March **3.14**

건강한 연인관계는
내가 반달이 아닌 이미 온전한 보름달과 같이 홀로 섰을 때,
나와 비슷한 또 다른 보름달과 같은 온전한 사람을 만나 이루어집니다.

October 10.17

불교 사상 가운데 자비무적慈悲無敵이라는 말이 있습니다.
무서운 세상에서 자신을 보호할 수 있는 가장 강력한 무기는
상대를 미워하지 않는 자비로운 사랑의 마음이라는 뜻입니다.
자비한 마음에는 적이 없습니다.

March 3·15

사랑하는 사람이 있다면
오늘 저녁에 이렇게 속삭이세요.
나는 당신을 나보다 더 사랑하고,
어제보다 더 사랑한다고요.
매일 아침 당신이
내 마음의 출발지라고요.

October 10.16

관계에서 생기는 많은 오해와
괴로움은 대화의 부재에서 옵니다.
대화가 끊어지면 서로의 마음에서도 멀어지고
상대의 의도를 오해하거나 쉽게 서운함을 느끼게 됩니다.
특히 가족이나 연인, 친구처럼 친밀한 관계일수록
아무리 화가 나도 대화의 끈을 오랫동안 놓지 마세요.

March 3·16

상대가 피곤할 땐,
말 대신 따뜻한 물 한 컵 따라주고,
그 사람 그냥 가만히 두세요.
중요한 대화는 잠 푹 자고 다음 날 해도
절대로 늦지 않습니다.

October 10.15

내가 없어도 세상은 잘만 돌아갑니다.
놓으세요.
나 없으면 안 될 거라는 그 마음.

March 3.17

삶의 목표를 성공이 아닌 행복으로 정하십시오.

성공하고도 행복하지 않다면,

그것이 진정한 성공일까요?

October 10.14

불안한 느낌이 들면
'아 불안한 느낌이라는
손님이 찾아왔구나.' 하고 넘어가세요.
그 느낌을 붙잡고
'난 불안한 사람이다.'라고 생각으로
정의 내리면 손님을 아예
주인 행세하게 만드는 격입니다.

March 3.18

참는 자에게 복이 온다고 하잖아요?
내 인내력을 테스트하는 사람이 나타나면
'아이고, 나에게 복을 주리고 저 사람이 나타났구나.' 하십시오.

어디를 가야 할 때 10분만 일찍 나오세요.
집을 나서는 발걸음에 여유가 있고
걷는 것을 즐길 수가 있어요.

October 10.13

March 3.19

살다 보면 감정조절이 잘 안 되는 시기가 있습니다.
이럴 땐 나 혼자만의 조용한 시간을 가져보세요.
혼자 산책을 해도 좋고, 좋아하는 영화를 봐도 좋고,
명상이나 기도를 해도 좋아요.
눌려 있는 감정이 편히 숨 쉬도록 공간을 주세요.

October 10.12

우리의 의식은 돈과 권력, 명예를 원하지만
우리의 깊은 무의식은 나 자신을 초월하는 사랑,
합일, 공감, 소통, 유머, 아름다움, 신성함,
고요를 원합니다.

March 3.20

누군가와 자꾸 부딪치면,
아마도 그 부딪치는 부분을
세상이라는 학교가 나에게 좀 닦으라고 하는 것이 아닐까요?
누구를 싫어하면 왜 싫어하는지를 가만히 들여다보고
내 안에도 그와 비슷한 허물이 없는지 살펴봐야 합니다.

사랑이 있을 때 세상이 아름답게 보입니다.

아름다움을 느끼는 것은 내 안에 사랑이 있기 때문입니다.

삶 속에서 사랑이 메말라간다고 느끼는 순간순간,

아름다움을 주위에서 찾아 느껴보세요.

그곳에 사랑이 존재합니다.

October 10.11

March 3.21

무조건 대신 아파주려고 하는 것,
사랑하는 이에게 오히려 안 좋습니다.

October 10.10

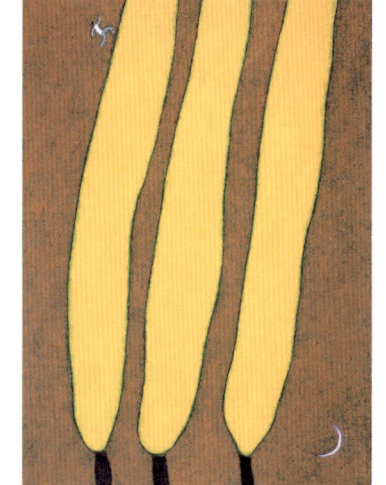

한정판으로 나온 최고급 명품도
똑같은 것이 수십 개씩 만들어져 나옵니다.
그러나 '나'라고 하는 명품은 세상에 단 하나밖에 없어요.
하나뿐인 개성 있는 '나'라는 명품을 아껴주세요.

March 3.22

스스로 부족하다고 느끼는 그 부분이 있기 때문에
타인을 좀 더 이해하게 되고,
또 그 부분 때문에 더 부단히 노력해
결국 성공하게 될 것입니다.

October 10.9

스스로에게 물어보세요.
내 삶을 이끄는 가치가 무엇인가?
내가 진정으로 이생에서
성취하고 싶은 것이 무엇인가?
답이 뚜렷하면,
내 삶을 제대로 살 수가 있어요.

March 3.23

똑같은 이야기도 이렇게 하십시오.
"너 어떻게 그렇게 서운한 소리를 하니?"
이것이 아닌,
"네 말을 듣고 나니 내가 좀 서운한 마음이 든다."
즉, 말할 때 상대를 향해 비난하는 투로 하지 말고,
나의 상태만 묘사하십시오.
이것이 좋은 대화법입니다.

October 10.8

나를 힘들게 하는 사람을 만났을 때 속으로 속삭여보세요.
"저 사람도 나와 똑같이 가족들 부양하려고 저러는구나.
저 사람도 나와 똑같이 행복해지고 싶어서 저러는구나.
저 사람도 나와 별반 다르지 않은 어려움을 겪고 있겠구나."

March 3.24

마음 설레는 사랑이 왔을 때
미움과 질투, 그리움과 아쉬움,
심지어는 증오와 비참함도
한배를 타고 오는 승객이라는
사실을 기억하세요.

세상 모든 사람들이 나를 좋아해줄 수는 없습니다.
누군가 나를 싫어하면 싫어하든 말든
그냥 내버려두고 사십시오.
싫어하는 것은 엄격히 말하면
그 사람 문제지 내 문제는 아닙니다.

October 10.7

March 3.25

해탈이란
완벽하지 않은 것들에 대한
불안함이 없는 것을 뜻한다.

승찬 선사

October 10.6

사람들을 쉽게 쉽게 무시하는 사람은
사실
본인 자신이 사람들로부터 무시당할까봐
두려워서 그런 언행을 하는 것입니다.

March 3·26

때로는 파란 하늘이나 시원한 바람 한 점 벗 삼아

열심히 살았던 나를 위한 많이 많이 게으른 하루를 선물하세요.

October 10.5

친구나 가족, 룸메이트와 함께 사는 거,
도 닦는 수행과도 같아요.
내가 하고 싶은 대로만 하지 않고
다른 사람 마음에 맞게 포기하고 절제하고
배려하는 것, 그게 수행이에요.
나와 다른 방식으로 사는 사람을
비난하지 않고
이해하고 받아들이려 노력하는 것,
그게 또 수행입니다.

March 3.27

마음의 도화지에 원하는 삶을 자꾸 그리다 보면
어느새 그 그림이 살아서 뛰어나옵니다.
이왕이면 다른 사람과 내가 함께 행복해지는,
그런 최고로 좋은 그림을 자꾸 그리세요.

October 10.4

누군가에게 의존하고 싶을 땐 기억하세요.
내 안엔 내가 생각하는 것보다
훨씬 더 강하고
지혜로운 존재가 살고 있습니다.

March 3·28

무소유는

아무것도 소유하지 않는다는 의미가 아닌

가지고 있는 것에 대해 집착하지 않는다는 의미입니다.

우리의 본성은 하늘과 같아서
생각이란 구름, 감정이란 천둥, 기억이라는 노을이 지지만
하늘의 본성은 그것들을 허락하고 변화함을 다만 지켜볼 뿐입니다.

October 10.3

March 3.29

그 사람과 있을 때

내 모습이 좋게 느껴지는 인연과 더 깊게 교류하세요.

October 10.2

행복은

나에 대한 고민을 줄이고

다른 사람의 안위를

진정으로 걱정하고 도와줄 때 커집니다.

March 3·30

'나는 못 해요.'라고 해도 됩니다.
나에게 맞는 길을 남에게 묻는 것이 아니고
스스로에게 물어보면서 천천히 잘 찾다 보면
결국엔 더 행복해질 수 있습니다.
당신을 응원합니다.

October 10.1

내가 원했던 목표가 이루어지지 않았다고
그 목표를 향해 달려온 지금까지의 노력이 헛된 것은 절대 아닙니다.
과정은 결과를 위해 존재하는 것이 아니라
과정 자체로도 이미 의미 있는 일이에요.
인생, 끝에 가보기 전까지는 그 누구도 모릅니다.

March 3·31

마음공부는 일반 공부와는 정반대로 해야 해요.
일반 공부는 모르는 것을 배워서 지식으로 채워가지만,
마음공부는 반대로 '안다'는 생각을 쉬고 또 쉬면서
텅 빈 채로 이미 충만한 마음자리를 밝히는 것입니다.

마음이 쉴 때면 문득 달 떠오르고 바람 불어오니,
이 세상 반드시 고해는 아니네.

《채근담》 중

April 4.1

행복해지시길, 건강해지시길, 편안해지시길.
어디를 가시든 항상 보호받으시길.

아무리 가까운 가족, 친척 사이라 하더라도
할 말과 하지 말아야 할 말들이 있어요.
특히 명절날 오랜만에 본 조카들에게
"왜 아직 결혼하지 않느냐?" "왜 애가 없느냐?"
"왜 취직 못 했느냐?" "왜 살 안 빼느냐?"
"왜 다니던 직장 그만뒀느냐?" 등의
말들은 좀 참아주세요.

September 9.29

April 4·2

내가 지금의 내 모습을 좋아하면
내 주변 사람도 다 좋아 보여요.
반대로 나 자신에게 불만이면
주변 사람들에게도 다 불만이에요.
나의 가장 큰 팬이 바로 내가 되시길….

September 9·28

아침에 일어나,
스스로에게 속삭이십시오.
"나는 오늘 남이 시키는 일만 하는
수동적인 하루를 보내지 않겠습니다.
내 스스로 주도해서 이끄는
내 삶을 살겠습니다!"

April 4.3

몸이 아플 때가 있기 때문에
건강의 감사함을 비로소 느끼고

실수를 하기 때문에
신중함의 중요성을 배우며

실패가 있었기에
겸손의 미덕을 알게 됩니다.

결국 우리 삶에서 버릴 것은
하나도 없더라고요.

September 9.27

내 마음이 쉬면 세상도 쉬고,
내 마음이 행복하면
세상도 행복합니다.

April 4.4

우리를 약하게 만드는 것들….
자신의 가치를 다른 사람으로부터 인정받고 싶어 하고
검증받고 싶어 하는 욕망.

September 9.26

잘못된 한 생각이 올라오면
태산 같은 걱정과 두려움이 구름처럼 몰려오고
잘못된 그 생각이 지나가면
걱정 없는 마음하늘 푸르게 드러나네.
천상과 지옥도 한 생각이 만든다네.
그러니 잘못된 생각, 믿지 말고 놓아주소.

April 4.5

가족, 선후배, 지나가는 학생,
길 가다 보는 사람들이
진정으로 잘되기를 바라는 마음을 내보세요.
부처가 자비행을 하는 것이 아니고
자비한 마음이 바로 부처입니다.

September 9·25

전생 이야기 중에
부모와 자식과의 인연은
부모에게 은혜를 갚으러 나온 자식과

빚진 것을 받으러 나온 자식
두 분류로 크게 구분된다고 합니다.

스스로에게 물어보세요.
나는 둘 중 어느 부류인지.

April 4.6

남들이 다 짜장면 먹겠다고 해도
내가 볶음밥 먹고 싶으면 "나는 볶음밥
먹을래요."라고 당당하게 말해도 괜찮아요.
우리에겐 다른 사람에게 좋은 사람이
되는 것도 좋지만, 그 이전에 나를 먼저
아껴줘야 할 의무 또한 있습니다.

September 9·24

쓰나미가 무서운 것은 바닷물이 아닌
바닷물에 쓸려오는 물건들 때문입니다.
우리가 괴로운 건
우리에게 일어난 상황 때문이 아닙니다.
그 상황들에 대해 일으킨 어지러운 상념들 때문입니다.

April 4.7

어른 스님께서 말씀하셨어요.
"하든지 안 하든지 둘 중에 하나지
그냥 노력하겠다는 말로
대충 넘어갈 생각하지 말아라."

September 9·23

진정 쉬고 싶다고요? 그렇다면 지금 바로 내 마음을 현재의 시간에 온전히 가져다놓으세요. 이거 해야지, 저거 해야지 하는 바쁜 마음은 미래와 과거를 넘나드는 상념일 뿐입니다. 현재에 마음이 와 있으면 과거도 없고 미래도 없이 지금뿐입니다.

사랑은
같이 있어주는 것.
언제나 따뜻한 마음으로
이야기를 들을 준비가 되어 있는 것.
그를 믿어주는 것.
사랑하는 그 이유 말고 다른 이유가 없는 것.
아무리 주어도 아깝지 않은 것.
그를 지켜봐주는 것.

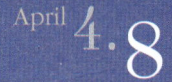
April 4.8

September **9·22**

수행은 꼭 특정한 장소에 가서
해야 하는 것이 아니에요.
내 마음과 세상이 만나 불편한
그 지점이 바로 수행처입니다.

April 4.9

젊은 그대여,
행동과 책임이 따르지 않는,
내가 그냥 좋아하는 감정을 갖고
사랑이라 쉽게 부르지 마세요.

September 9.21

누군가를 험담했는데 그 사실을 모르는 그 사람이
나에게 와서 아주 따뜻한 말을 건넵니다.
그때 너무나 미안해져요.
복수는 이렇게 멋있게 하는 거예요.
사랑으로.

April 4.10

수행자는 많은 사람과 함께 살 때
혼자 사는 것처럼 살아야 하고
혼자 살 때
많은 사람과 함께 사는 것처럼
살아야 합니다.

September 9·20

싫어하는 사람을
내 가슴속에 넣어두고 다닐 만큼
그 사람이 가치가 있습니까?
내가 사랑하는 가족, 나를 응원하는 친구만 마음에 넣어두십시오.
싫어하는 사람 넣어두고 다니면 마음병만 얻습니다.

April 4.11

행복은
다른 사람과의 관계 속에서 찾을 수 있습니다.
앞으로 돌진만 하지 마시고

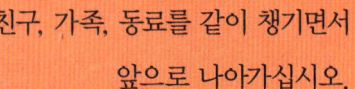

친구, 가족, 동료를 같이 챙기면서
앞으로 나아가십시오.

September 9·19

우리는 '독해서' 남에게 상처 주는 것보다는
'몰라서' 상처 주는 경우가 더 많습니다.
상처를 주고받았으면 먼저 이야기를 하세요.
"너의 마음 몰라줘서 미안해."라고요. 따뜻하게.

April 4.12

머리를 베개에 얹고 잠들기 전,
오늘 하루 고마웠던 사람이나 감사했던 일
딱 세 가지만 떠올려보세요.
세 달만 이렇게 하시면 삶의 행복도와 만족도가
확실히 증가한다고 합니다.
행복한 마음은 연습을 필요로 합니다.

September 9·18

돈보다 더 귀중한 것은 내가 가진 '자유'입니다.
좀 힘들어도 자유롭게 내가 원하는 방식의 삶을 사는 것이
남의 눈치 보며 돈을 조금 더 버는 것보다
훨씬 나은 삶입니다.
내 자유를 돈 받고 팔지 마세요.

April 4.13

희한하지.
일을 잘하는 사람에게 돌아오는 상은
더 많은 일이라네.

September 9.17

쿵푸 18계를 마스터하면 손가락 하나만 까딱해도
사람을 해칠 수 있습니다.
그러나 그것보다 더 높은 36계를 마스터하면
나보다 낮은 수준의 사람이 와서 싸우려고 하면,
그 사람을 위해 도망칩니다.

April 4·14

사랑은 사랑하는 이유 말고
다른 아무런 이유가 없습니다.

September 9·16

자존감이 낮으면, 자존심이 세져요.

April 4·15

불행한 사람이란?
자기 눈에 남의 잘못들만 보이는 사람.

다른 사람 잘못을 지적하는 일보다는
칭찬하고 같이 축하하는 일이
더 많은 하루가 되세요.

September 9·15

"당신을 위해 내가 지금 이렇게 여기 있어요."
사랑할 때 내가 줄 수 있는 가장 좋은 선물은
그 사람을 향한 내 존재 자체입니다.

April 4· 16

세상은 고리처럼 서로서로 연결되어 있어
그중 하나가 아프면 다 같이 아픕니다.
나와 연결된 고리들이 좀 더 편안해지시길.
좀 더 서로를 아껴주시길.

September 9·14

나를 힘들게 하는 것들을
지금 한번 노트에 쭉 적어보세요.
내가 하지 않으면 안 되는 것들도
한번 쭉 적어보세요.
그리고 가장 쉽게 할 수 있는 것부터
차근차근 할 거다, 생각하시고
오늘 밤은 그냥 푹, 쉬세요.
내일 아침 눈을 떴을 때 나의 몸과 마음은
지금보다 훨씬 더 준비가 잘되어 있을 거예요.

April 4.17

옳고 그른 것을 시비하다가
먼저 화를 내면
그 사람이 진 것입니다.

September 9·13

사람은 누구나 혼자 있는 시간이 필요합니다.
책방이나 커피숍에 가도 좋고, 성당이나 교회,
절에 가도 좋고, 혼자 조용히 산책을 해도 좋습니다.
홀로 있음은 세상을 잠시 멈추게 해주고 나를 정화시켜줍니다.

April 4.18

나에게 솔직해져 보십시오.
도대체 무엇이 나를 행복하게 하는지.
남들에게 행복하게 보이는 것이 중요한 것이 아니고
나 자신이 정말로 행복한 것이 중요합니다.

September 9.12

남들이 나에 대해 한 이야기가
머릿속에 떠올랐을 때
그 이야기를 내가 믿어버리면
그 순간부터 나를 지배하기 시작합니다.
내 머릿속에서 떠올랐다고 그 생각이 다 진실은 아니에요.
원래 내 생각도 아니었는데, 그 사실을 잊고 지배당하지 마세요.

April 4. 19

중요한 결정을 앞두고 어떻게 해야 할지 모를 때
모든 것을 멈추고 내 가슴이 하는 소리를 들어보세요.
내 가슴은 내 머리보다 훨씬 더 지혜로워
이미 답을 알고 있습니다.

September 9·11

삶의 무의미함과 짜증, 우울을
극복하는 좋은 약 중에 하나는
내가 남에게 베푸는 작은 친절입니다.

April 4·20

외롭다 했더니 원래 다 외롭단다.
그 말을 들으려 말한 것이 아닌데
말하기 전보다 더 외로워졌네.

September 9·10

삶이라는 투수는 우리가 전혀 예상하지 못하는 커브볼을 우리가 보기에는 아무런 이유 없이 그냥 우리를 향해 가끔씩 던집니다. 이럴 때 절망하지 말고, 내가 혼자가 아니라는 사실을 잊지 말고, 여름 더위가 지나가듯 이것 또한 지나가리라는 생각으로 힘내야 합니다.

April 4.21

진정한 사랑은 있는 그대로를 아끼는 것입니다.
봄날의 햇살은 있는 그대로의 존재들에
그저 따스한 햇살을 비춰줍니다.
내가 원하는 대로 바꾸려 하지 않습니다.

September 9·9

사랑을 하면, 배려를 합니다.
배려는 남을 위해
무언가를 해주는 것도 중요하지만
하지 않아야 할 것을 하지 않고
참는 것도 매우 중요합니다.

April 4·22

오늘 내 기분이 그런 거지,
내 인생이 그런 것은 절대로 아니에요.
다운된 이 기분,
잠 잘 자고 나면 좋아져요. 토닥토닥….

September 9.8

사랑하는 사람이 아플 때
내가 줄 수 있는 가장 의미 있는 선물은
바로 내 존재 자체입니다.
그냥 옆에 같이 앉아서 손잡고 웃어주세요.
오랜만에 사랑하는 분의 눈도 마주 보면서요.

April 4·23

번지점프를 하는 방법은
오직 한 가지입니다.
그냥 뛰는 것입니다.

생각이 많을수록 뛰기 어렵습니다.
생각이 많으면 많을수록, 하고 싶은 것 못하고
힘들고 어렵다는 말만 하게 됩니다.
그냥, 뛰십시오.

September 9.7

내가 지금 가지지 못한 것에 집중하면
인생은 결핍이 되지만
내가 이미 가지고 있는 것에 집중하면
인생은 감사함이 됩니다.

April 4.24

흔든다고 내가 흔들리면
세상이 나를 더 세게 흔들어요.
다른 사람의 칭찬이나 비난에
쉽게 흔들리지 않는 바위를 본받아요.

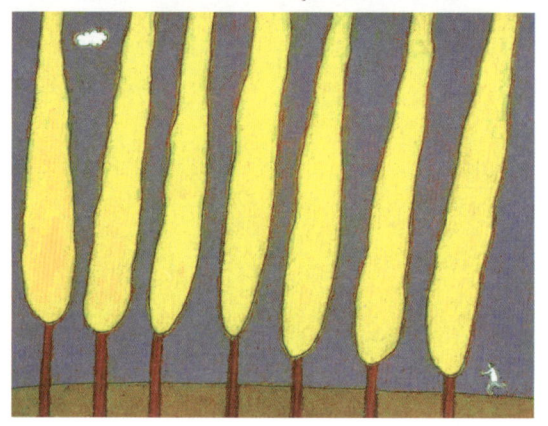

September 9·6

다른 사람의 흠은 어떻게 보면
내 마음 거울에 비친 내 흠이기도 하지요.
다른 이의 흠이 자꾸 보인다면 초심으로 돌아가
지금 내가 해야 할 일에 좀 더 집중하세요.

April 4·25

가끔은 내가 느끼는 그대로의 진실을 말하세요.

상대가 처음엔 상처를 받아도 결국엔 고마워합니다.

진실은 말하는 사람과 듣는 사람을 단번에 자유롭게 합니다.

September 9.5

정말로 좋은 친구와 동료는
나에게 무조건 기분 좋은 말만 하는
사람들이 아닙니다.
내가 명백한 실수를 하고 있을 때
실수하고 있다고 가르쳐주는 사람이야말로
좋은 친구, 훌륭한 동료입니다.

April 4.26

얼마나 힘들었어요,

오늘 하루 이 몸 끌고 이 마음 써가며 사는 것.

지금 내 자신을 쓰다듬으며 "고생했다." 말 한마디 해주세요.

September 9.4

아무리 미움받을 만한 사람을 미워해도 그 미움은 나를 먼저 불행하게 만듭니다. 미움의 골이 깊어질수록 내가 마치 지옥 안에 갇힌 것처럼 느껴져요. 마음을 바꿔먹자고 결심해보세요. 그 누구도 아닌, 나를 위해서라도….

April 4·27

우리는 친구가 없어서 외로운 것이 아니고,
친했던 친구들과 소홀해지면서
연락을 하지 않기 때문에 외로운 것입니다.

September 9·3

기도는 기도하는 대상에게
'이거 해주세요, 저거 해주세요.'로 시작해서
'감사합니다.'로 전개하다,
'당신을 닮고 싶습니다.'로 승화되어서
결국에는 언어를 넘어선 온전한 있음 그 자체가 됩니다.

April 4.28

인간관계를 원활히 하고 싶으면
계산하는 버릇을 멈추세요.
나는 이만큼 해주었는데
왜 상대는 나에게 그만큼 해주지 않는가 하고 계산하면,
관계에 자꾸 브레이크가 걸려요.

September 9·2

슬픈 일이 생겨 힘들다면,

슬픔을 부정하지 말고 그 슬픔의 한가운데로 걸어 들어가세요.

그리고 그 안에서 마음껏 슬퍼하세요.

그렇게 슬픔을 허락하고 한참을 울고 나면

그 끝이 보이기 시작합니다.

April **4.29**

오늘 잠시 멈추고 봄을 만끽해보세요.
짧은 점심시간이라도 나를 위해서
봄날의 꽃들을 보면서 사람의 아름다움을 느껴보세요.
내가 나를 챙겨주지 않으면 누가 챙겨주겠어요?
특별하고 행복한 하루를 만드세요.

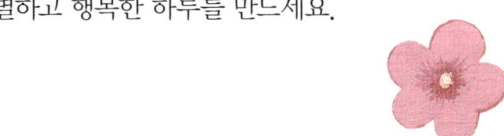

September 9.1

끌리는 사람일수록 그 사람을 소유하려 하지 말고
같이 있는 그 시간을 즐겁게 보내려고 해봐요.
그래야 다음번에도 만날 수 있어요.
잡으려 하지 않고 바라는 것 없이 그냥 서로 즐거울 때
그 인연은 계속됩니다.

April 4·30

몸이 아프면 전문의를 만나는 것이 이상하지 않은데
마음이 아프면 자기 혼자 해결하려다 병을 키웁니다.

August 8.31

"그땐 나도 꽤 행복했었는데… 그런데 그땐 왜 행복했었다는 것을 깨닫지 못했을까?" 하고 이생이 끝날 때쯤 후회하지 말고 지금 삶을 잠시 멈추고 지금 내 곁의 행복을 감사해하고 즐기세요.

May 5.1

지식인이란 남의 일에 참견하는 사람이다.
정의와 자유, 선과 진실,
인류 보편적 가치가 유린당하면
남의 일이라도 자신의 일로 간주하고
간섭하고 투쟁하는 사람이다.

장 폴 사르트르

August 8·30

엄밀하게 말하면 깨달은 자는 없습니다.
오직 깨달은 순간들만 존재합니다.

스즈키 순류

May 5.2

"오늘 기분이 어때?"라고 누가 물었을 때

뭐라고 답을 해야 할지 모르겠다면

바로 그냥 "아주 좋은데~!"라고 답을 하세요.

그렇게 말하는 순간, 그때부터 아주 좋아지기 시작합니다.

August 8·29

내 안에 가시가 많으면
그 가시로 곁에 있는 사람들을 찌를 수 있어요.
그 가시들 대신 작지만 아름다운 꽃을 피우세요.
힘들어도 참고 나를 낮추며
자비의 인품에서 나오는 꽃의 향을 피우세요.

May 5.3

연둣빛 바다로 변신한 산들
벚꽃이 지고 나니 피는 봄꽃
깨끗한 하늘 위 달빛과 별빛
마음만 있으면 행복은 무료.

August 8·28

우리의 마음은
세상 모든 신성한 장소들 가운데에서도
가장 중심지입니다.
그곳으로 가서 배회하십시오.

May 5.4

아이가 잘했을 때만 칭찬해주지 마시고
아이의 존재 자체를 사랑해주세요.
커서 다른 사람의 사랑과 인정에 배고프지 않도록요.

August 8.27

소소하지만 행복한 기억은 살면서 힘들 때마다
꺼내어 볼 수 있는 우리 영혼의 따뜻한 등불이 됩니다.
우리는 늘 행복할 수는 없지만
순간순간 행복했던 기억의 힘으로 살아갑니다.

May 5.5

아이에게 해줄 수 있는 부모의 가장 큰 선물은
부모 스스로가 행복한 것입니다.
부모가 행복하면
아이는 자존감이 높은 어른으로 성장할 수 있어요.

August 8·26

슬프면 좀 슬퍼해도 괜찮아요.
내가 어찌할 수 없는 아픔이 있다면
아프다고 이야기해도 괜찮아요.
우리가 힘든 까닭은
일어난 일을 받아들이지 못하고
심리적으로 저항하기 때문입니다.
힘들어하는 나를 저항하지 말고
괜찮다, 괜찮다,
오늘 그냥 허락해보세요.

May 5·6

특별한 날을 위해 아껴두었던
식기세트나 차茶, 와인, 옷, 펜, 이불 등을
쓸 땐 쓰세요.
특별한 순간이 따로 있는 것이 아닙니다.
쓰는 순간, 바로 지금이 특별해집니다.

August 8.25

누가 나에게 해주었으면 하는 것이 있으면
내가 먼저 그것을 해주면 결국 다 돌아옵니다.

May 5.7

가끔씩 혼자 조용히 있을 때 느끼는 마음의 고요는
마음에 주는 약과도 같습니다.
홀로 조용히 있을 때
자신의 중심을 되찾으며 내 안의 신성과 만날 수 있습니다.
고요함의 약을 스스로에게 처방하세요.

August 8·24

과거가 나를 붙잡고 있기 때문에 내가 힘든 것이 아니고
내가 과거를 자꾸 떠올리며 머물기 때문에 힘든 것입니다.
과거를 그냥 가만히 내버려둬 보세요.
자기가 알아서 강처럼 흐르도록.
진정한 나는 기억의 강이 아니라
그 흐름을 강 밖에서 고요히 보는 자입니다.

May 5.8

정말로 중요한 것들은
너무 가까이에 있어
때론 잊고 사는 것 같아요.

August 8·23

부디 내 안의
따스한 자비의 눈빛과
마주하시길….

May 5·9

복권 대신 꽃을 사보세요.
꽃 두세 송이라도 사서
모처럼 식탁 위에 놓아보면,
당첨 확률 백 퍼센트인
며칠간의 잔잔한 행복을 얻을 수 있습니다.

세상이 내 어깨를 치고 나를 넘어뜨렸을 때,
다시 일어나서 계속해서 걸으세요.
서러워서 눈물이 좀 나더라도
너무 창피해서 죽고 싶더라도
앞으로 앞으로 걸으세요.
걷다 보면 괜찮아져요.
걷다 보면 잊혀져요.
아픔 속에서도 성장하려는
당신을 응원합니다!

August 8.22

May 5·10

숙면하기 위해서는,
주무시기 전에 살면서 참 고마웠던 분들,
혹은 다른 사람을 도와주며 마음이 뿌듯했던 순간들,
이런 것을 이불 속에서 떠올려본 후 잠을 청하세요.
아주 편하게 주무실 수 있습니다.

August 8.21

행복하기로 결정하세요.
행복은 '내가 행복해져야지.' 하고 결정해야 옵니다.
왜냐하면 행복은
로또에 당첨되듯 나에게 주어지는 것이기도 하지만
세상을 바라보는 내 관점이기도 하기 때문입니다.
지금, 행복하기로 결정하세요!

May 5.11

자기 스스로를 온전히 받아들이고
또, 내 존재가 스스로에게 편안해졌을 때,
그때 비로소 타인도 즐겁고 편하게 만들 수 있습니다.

August 8·20

본인의 앞길은 하나씩 하나씩 보이는 것이지
한꺼번에 쫙 보이지 않아요.
꿈은 자동판매기에서 뽑으면 나오는 완성품이 아니고
내가 하나씩 만들어가는 것입니다.
지금 당장 할 수 있는 작은 것부터 시작하면 하나씩 보입니다.

May 5.12

우리의 가장 큰 스승은
사람들과의 관계 속에서 얻는 배움이에요.
깨달았다고 해도,
관계 속에 불편함이 남아 있다면
아직 그 깨달음은 완전한 것이 아닙니다.

August 8·19

우리 삶의 많은 대립과 시비는

역지사지易地思之 마음을 연습하면 풀릴 수 있어요.

May 5·13

다른 사람을 도와주고

그것을 언젠가는 돌려받아야겠다는 마음이 남아 있으면

도와준 것이 아닙니다. 잠시 맡겨놓은 것입니다.

August 8·18

삶 속의 아픔은 치유의 대상이지 극복의 대상이 아닙니다. 부정하면 할수록, 잊으려 하면 할수록 더 생각나고 더 올라옵니다. 부정하거나 저항하지 말고 있는 그 상처를 따뜻하게 바라봐주세요. 바라보면, 아픔 뒤에 배경처럼 서 있는 사랑이 느껴져요.

May 5.14

사랑의 모습은 수용과 자유이지 속박과 컨트롤이 아닙니다.

August 8.17

우리는 무엇을 잘했기 때문에 사랑받을 만한 것이 아닙니다.
존재하는 것, 그 자체가 사랑받을 만한 것입니다.
스스로를 아끼고 사랑해주세요.
좀 부족해도, 좀 실수해도 괜찮아요.
세상이 요구하는 완벽함을 갖추지 않아도
우리 존재는 이미 가치가 있고 사랑받을 만합니다.

May 5.15

최근에 고마웠던 지인을
한 명 떠올려보세요.
그리고 지금 바로 감사하다는
이메일이나 문자를 보내보세요.
그 이메일이나 문자를 쓰는 동안
행복합니다.

August 8·16

책상이고 방바닥이고 잡동사니가
너저분하게 널려 있으면 다른 잡동사니를 불러요.
물론 일의 능률도 오르지 않고요.
나갔다 오면 귀찮더라도 입었던 옷을 옷장 속에 넣으세요.

May 5·16

행복의 지름길.

첫째, 나와 남을 비교하는 일을 멈추십시오.

둘째, 밖에서 찾으려 하지 말고 내 마음 안에서 찾으십시오.

셋째, 지금 이 순간 세상의 아름다움을 찾아서 느끼십시오.

August 8·15

진정한 자유는 내 생각으로부터의 자유입니다.

지두 크리슈나무르티

May 5.17

어떻게 생각을 쉬어 마음을 비울 수 있을까요?
정답은, 올라오는 그 생각들을 가만히 지켜보면 돼요.
지켜보는 순간, 생각은 쉬고 있습니다.

August 8·14

전 그대가 행복했으면 합니다.
외부조건에 의지해서 수동적으로
누군가가 나를 행복하게 만들어주기를 기다리지 말고,
행복해지겠다는 능동적 결정하에 변화하셨으면 합니다.
전 그대가 진심으로 행복했으면 합니다.

May 5·18

내가 나임을 온전히 허락하는 순간
내 안의 평화가 찾아옵니다.
있는 그대로를 인정하고 껴안아주는 순간
존재 안의 사랑이 느껴집니다.
우리는 나 아닌 다른 사람이 될 수도, 또한 될 필요도 없습니다.

August 8·13

내 주변 사람들을 내 마음에 맞게 바꾸려 하지 말고

오히려 바꾸려는 내 욕심을 내려놓는 것이 훨씬 더 빠릅니다.

내 마음도 내 마음대로 하지 못하면서

무슨 수로 다른 사람을 내 방식대로 바꾸겠습니까?

May 5·19

실수를 두려워하지 마세요.

다만, 실수를 통해 배움이 없는 것을 두려워하세요.

August 8·12

나에게는
경험 없는 순수함보다는
상처받은 영혼들의 자애로움이
더 아름답게 보입니다.

May 5.20

인생이란 거창한 무엇이
따로 있는 게 아닌 것 같아요.
그냥 자주 만나는 사람들이
결국 내 인생의 내용인 것 같아요.
그래서 우리는 곁에 있는 이들을 소중하게 여겨야 해요.
그들이 바로 내 인생의 이야기가 되니까요.

August 8.11

천둥 치고 장대 같은 비가 한참 내리고 난 다음 날,
파란 하늘과 푸른 산을 바라보면
그 빛깔이 그전보다 훨씬 깊고 선명하게 잘 보입니다.
이처럼 우리 삶에서도 천둥이나 장대비 같은 큰 시련의 시간이
지나고 나면 인생에서 정말로 소중한 것이 무엇인지
비로소 선명하게 보이기 시작합니다.

May 5.21

사랑의 마음을 일부러 만들려고 하지 말고
단지 나와 상대 사이에 있는
내 생각의 장애물을 내려놓으려고만 하세요.
그러면 사랑의 본성은 저절로 드러납니다.

August 8.10

지금 잘나가고 있습니까?
그렇다면, 지금 남을 제치고 잘나가고 있는지,
아니면, 남과 함께 잘나가고 있는지를 살피십시오.
남을 제치고 나만 잘나가면, 상황이 변했을 때
평소에 당신을 시기하던 사람들에 의해
다칠 수 있습니다.

May 5.22

가족이나 친구에게 사랑을 표현하고 싶다면
상대가 하는 말을 진심으로 집중해서 잘 들어주세요.
따뜻한 눈빛으로 상대가 하는 말을 정성껏 들어주면
'나는 존귀한 존재구나', '사랑받는 게 이런 느낌이구나.'
하고 알게 됩니다.

August 8·9

비가 온다고 그 비가 지나가길
마냥 기다리면서 인생을 허비하지 마세요.
빗속에서도 춤을 추고 노래를 부르며
비가 지나가기를 기다리세요.

작자 미상

May 5·23

그 사람을 진정으로 이해했다는 말은
그 사람을 용서했다는 말과도 같습니다.

틱낫한 스님

August 8.8

누구 덕 볼 생각이 눈곱만큼이라도 없으면
세상 누구 앞에서라도 당당할 수 있습니다.
사심 없는 청정한 삶을 살고 있다면
옳은 소리만 해도 두려울 것이 없습니다.

May 5·24

한 번도 만나본 적 없는 나에 대해
이럴 거다, 저럴 거다 혼자 상상의 나래를 펼친 후
쉽게 말 만드는 사람을 보면
짧게 한마디 하세요.
"반사!!"

August 8.7

속으로 따라 해보세요.
"더 나빴을 수도 있었는데
이만하니 다행입니다.
이만해서 감사합니다.
제 자신을 위해
남을 원망하지 않겠습니다.
남은 생 의미 있게 잘 살겠습니다."

May 5.25

사람 여덟아홉 명 모이는 모임에 가면

나를 이상하게도 좋아하는 사람이 두세 명 정도 있고

나를 또 처음부터 괜히 싫어하는 사람이 한두 명 있습니다.

이것이 자연의 이치니 너무 상처받지 말고 사시길.

August 8·6

삶이 바쁘고 힘들수록
나에게 고요함이라는 특별한 선물을 주세요.
하던 일을 잠시 멈추고 눈을 감고
몸이 지금 어떻게 느끼는지,
마음이 지금 어떤 말을 하는지
한 발짝 떨어져서 거울처럼 비춰보세요.

May 5·26

무언가를 하고자 하는 마음을 내는 순간,
바로 그 결과가 그 마음 안에 담겨져 있습니다.
부처가 되려는 마음 안에 벌써 부처가 자리하고 있고
예수님을 생각하는 순간 예수님도 나를 생각하십니다.

August 8·5

올라온 감정은 놓아버리고 싶다고 해서 놓아지는 것이 아닙니다. 내 마음 안에 올라오는 느낌과 생각들은 사실 내 것이 아닙니다. 여러 가지 조건과 원인에 의해 잠시 일어난 주인 없는 구름과 같습니다. 생각이나 느낌을 '잠시 들른 손님이다.' 하고 떨어져 조용히 관찰해보십시오.

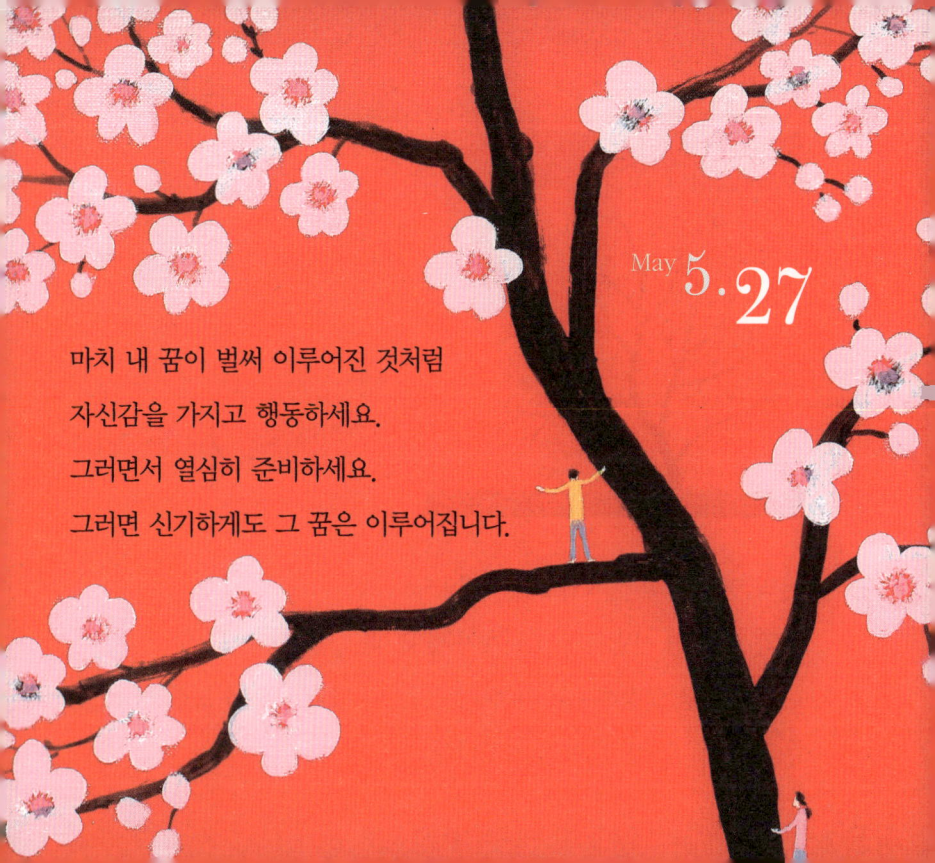

May 5.27

마치 내 꿈이 벌써 이루어진 것처럼
자신감을 가지고 행동하세요.
그러면서 열심히 준비하세요.
그러면 신기하게도 그 꿈은 이루어집니다.

August 8·4

돈과 명예와 좋은 직장도 좋지만
나와 내 주변 사람들과의 관계가 좋을 때,
나의 가치를 인정해주고 아껴주는 이들이 많다는 것을 느낄 때,
우리는 더 지극한 행복을 느낍니다.

May $5 \cdot 28$

텅 비어야 하늘의 깊이를 알 수 있습니다.
우리의 마음도 생각이 쉬어 텅 빌 때
창공과 같은 본성이 드러납니다.

August 8.3

내 아이가, 내 부모님이, 내 형제가 왜 저렇게
사고하고 행동하는지 도저히 이해가 안 될 수 있어요.
하지만 이해하지 못해도, 내 마음에 딱 들지 않아도
깊이 사랑할 수는 있습니다.
왜냐하면 깊은 사랑은 이해를 초월하기 때문입니다.

관계에서의 문제는 일시에 해소되기 어렵습니다.
오직 우리가 할 수 있는 일은
그 사람이 왜 그렇게 행동할 수밖에 없었는지,
내가 몰랐던 그의 사정을 이해해보는 방법밖에 없는 것 같습니다.

May 5.29

August 8.2

사랑이란 있는 그대로를 사랑해주는 것입니다.
내 인생을, 사랑하는 사람을 통해 살려고 하지 마십시오.
그 사람의 인생을 살도록 놓아주는 것이 진정한 사랑입니다.

May 5·30

삶 속에서 시련의 파도가 몰려왔을 때
그냥 어쩔 줄 몰라 하지 마시고
아주 조용한 곳에 가서 내 마음을 고요하게 바라보세요.
마음이 깊은 침묵과 닿으면 알게 됩니다.
이번 시련을 이겨낼 수 있는 힘이 내 안에 있다는 사실을.

August 8.1

우리는 열 마디 칭찬보다 한마디 비난에
훨씬 더 영향을 받습니다.
그러니 누군가가 나를 비난해서 상처받았을 때 기억하세요.
그 한마디 비난 뒤엔 나를 응원하고 좋아해주는 사람들의
열 마디 박수가 숨어 있다는 사실을요.

사랑의 표현 중에 하나는
상대를 그냥 좀
가만히 내버려두는 것입니다.

May 5·31

July 7·31

꽃이 질 때
노을이 질 때
사람의 목숨이 질 때
우리는 깊은 슬픔 중에도
삶을 이해하고 받아들이는
지혜를 배우고
이웃을 용서하는
겸손을 배우네.

이해인 수녀, 〈작은 기도〉 중

June 6.1

사랑한다면 버텨주세요.
힘들어할 때
어떤 좋은 위로의 말을 해서 그것을
빨리 변화시키려 하지 말고
아파하는 그 모습, 힘들어하는 그 심정을
있는 그대로 알아주고 같이 버텨주세요.

July 7·30

생각을 많이 한다고 문제가 해결되는 것은 아닙니다.
생각으로 문제를 풀려고 하지 말고
반대로 마음을 좀 쉬어보세요.
생각이 쉴 때 문제의 해답이 떠올라요.
지혜는 고요함에서 옵니다.

June **6.2**

구하는 마음이 쉴 때
행복과 여유, 평화로움이
우리에게 찾아옵니다.

July 7.29

인생은 기다리는 것이 아니에요. 왜냐하면
기다리면 다음 번 버스가 또 올 줄 알았는데
버스 노선이 아예 바뀌어버려 버스를 영영 못 타는 경우가 생겨요.
언젠가 하겠다고 마음먹은 거, 생각났을 때 바로 해보세요.

June 6.3

부디 고요 속에서
깨어 있는 침묵과 만나시길 기원합니다.
깊은 평온과 영원한 자유, 생명이 원천과
따뜻한 사랑이 그 안에 들어 있습니다.

July 7.28

어떤 일을 하다가 다른 사람에게
불만이 생기거나 시비를 걸고 싶은 마음이
올라왔을 때 나 스스로에게 물어봐야 합니다.
"나는 지금 내가 맡은 일에 집중하고 있는가?"

June 6·4

우리 삶은 특별한 시간들보다
평범한 시간들이 더 많습니다.
은행에서 순번표를 뽑아 기다리고
식당에서 음식 나오길 또 기다리고
지하철에서 시간을 보내고
친구에게서 연락이 오면 문자를 보내고….
결국, 이 평범한 시간들이 행복해야 내가 행복한 것입니다.

July 7.27

우리가 다른 사람을 도울 때
'그 사람을 위해서 돕는다.'는 생각보다는
'내 마음이 편하자고 하는 거다.'라고 마음을 먹으면
도움받은 상대가 나중에 나를 좀 서운하게 해도
크게 마음이 동요하지 않습니다.

June 6.5

덜 생각하며 살고 싶다면,
사실 아주 간단합니다.
마음을 현재에 두면 돼요.

July 7·26

처음엔 말로 감동할 수 있지만

행동이 받쳐주지 않으면 오래가지 못합니다.

June 6·6

누군가로부터 존경받는 일,
그건 참으로 쉽지 않은 일입니다.
삶의 목표를 부자보다는
다른 이들로부터 존경받는 사람이
되는 것으로 삼아보세요.

July 7.25

내 마음에 딱 맞게 좀 못 맞춰주느냐고 불평하지 마세요.
나에게 맞춰달라는 내 마음의 틀이 더 큰 문제이지 않을까요?
24시간 그 틀에 맞춰줄 사람, 세상 그 어느 성자라도 못해요.

June 6.7

수행자가 마음을 돌이켜 깨달으려 한다면
지나가는 어린아이에게서도 배움을 얻고
자신이 모욕당하는 상황에서도 큰 깨달음을 얻습니다.
실은 세상 전체가 우리의 스승입니다.

July 7·24

처음엔 너무도 좋아했던 사람을
지금은 아주 미워하는 마음을 보게 되면요,
바로 깨달으세요.
사랑이 얼마나 무상한가를.
마음이란 놈이 얼마나 간사한가를.
좋아하는 감정에 얼마나 많은 조건들이
덕지덕지 붙어 있는가를.

June 6.8

남에게 상처 주는 말을
잘하는 사람을 가만히 살펴보면
본인이 불행해서 그런 경우가 많습니다.
자라온 성장 배경이나 지금 처한 상황이 불행하니
나오는 말도 아프고 가시 돋쳐 있는 것입니다.
그런 사람 만나면 마음에 담아두지 말고
"니 침 불쌍타." 생각하고 넘어가십시오.

July 7·23

내 앞가림을 내 스스로가 못하면
어느 순간 절친한 친구들도
나를 부담스럽게 생각합니다.

June 6.9

사기꾼들은 무조건 본인 말만 들으면
잘될 거라고 긍정으로 가득 찬
말만 늘어놓습니다.
그 말과 나의 욕심이 결합되면
결국 내가 속는 것입니다.

July 7.22

'좀 바빠도 오늘은 사람들에게 친절하게 대하자.'라는
의도를 내보세요.
그 선한 의도에서 나온 작은 행동들이
변화를 일으키는 단초가 됩니다.

June 6·10

몸이든 마음이든
비우면 시원하고 편안해집니다.
반대로 안에 오랫동안 간직하고 있으면
몸이든 마음이든 병이 납니다.
뭐든 비워야 좋습니다.

July 7.21

살면서 고마움을 많이 느낄수록 더 행복해집니다.
세상에 나 혼자 뚝 떨어져 있는 '외로운 나'가 아니고,
서로서로 연결되어 있는 '사람들 속의 나'를 느끼기 때문입니다.
고마움을 느낄 때 우리는 진리와 더 가까이 있습니다.

June 6.11

살짝 노는 듯이 열심히 하는 친구들이
사실, 일은 더욱 능률적으로 잘합니다.
열심히 죽어라 일만 하는 사람은
일의 즐거움 없이 스트레스로 일을 하는 것입니다.

July 7·20

마치 어머니가 자기 아이의 상처를 바라보듯
지금 내 안에서 느끼는 아픔과 괴로움을
따뜻한 사랑의 눈길로 바라봐주세요.

바쁘게 일하고 집에 들어오면 아무것도 하고 싶지 않고
바닥에 누워 그냥 좀 멍하니 텔레비전만 보고 싶은 때가 있지요.
열심히 살았던 내 머리가 쉬는 시간입니다.
멍 때려도 됩니다.

June 6·12

July 7·19

어떤 경우에도 절대로, 절대로, 주눅 들지 마세요.
당신은 하느님의 하나밖에 없는 외동아들, 외동딸이며
아직 깨닫지 못했어도 이미 부처님입니다.
이 사실을 믿으면 그 누구도 당신을
주눅 들게 하지 못합니다.

배우자에 대해 '쉽게 변하지 않겠구나…' 하고 포기하려 하니
앞으로 남은 그 많은 세월 어떻게 참고 살까 걱정이 되나요?
그럼 스스로에 물어보십시오.
나는 그 사람이 봤을 때 완벽한가?

June 6.13

July 7．18

알면 알수록
모른다 여기고,
모르면 모를수록
안다고 생각합니다.

June 6.14

내가 저지른 실수 때문에
너무 힘들어하지 마세요.
완벽하게 사는 사람은 아무도 없습니다.
실수를 통해 삶이라는 학교가
우리에게 지금 가르쳐주는 것입니다.
감사하게 배우면 그만큼 더 성장합니다.
토닥토닥.

July 7.17

내가 그 사람을 이해하지 못하는 이유는
내가 그 사람 입장이 되어보지 않았기 때문입니다.
잘 알지도 못하면서 쉽게 비판하는 건 아닌지 한번 돌아봐요.

June 6·15

사람들의 의식은 보통 외부로 향해 있습니다. 그래서 내가 아닌 다른 사람, 혹은 밖에서 일어난 일들에 대해 주로 이야기하지요. 반대로 수행자는 그 의식을 마음 안으로 돌려서 평생 남 이야기를 하던 버릇을 고쳐 내 마음의 모습을 보고, 그 마음을 알아채려 합니다.

July 7·16

괴로우면 그것을 붙잡고 있으면서
자꾸 '괴롭다, 괴롭다.' 남들에게 이야기하며 되새기지 마세요.
괴로움으로부터 해방되고 싶으면 그 괴로움을 직시하세요.
그 녀석의 정체를 보고 있으면 그 모양이 자꾸 변해요.
괴로움, 그 녀석도 그래서 허망한 것입니다.

June 6.16

내가 좋아하는 사람의 사진만 봐도
타이레놀 먹은 것과 같은 진통 효과가 있다고 합니다.
또한 남을 돕는 어떤 사람의 모습을 보게 되면
마치 내가 직접 돕는 것처럼 행복 호르몬이 내 몸 안에도 돈다고 해요.
우리는 이처럼 서로서로 공명하며 함께 공존합니다.

July 7·15

우리는 마음이라는 창구를 통해서만 세상을 알 수 있습니다.
마음이 시끄러우면 세상도 시끄러운 것이고
마음이 평화로우면 세상도 평화롭습니다.
그래서 세상을 바꾸는 것 이상으로 중요한 것이
내 마음을 이해하는 것입니다.

June 6.17

우리에게 사랑이 없다면
우리의 삶은 큰 의미 없이, 쏜살같이, 눈 깜짝할 새에
지나갈 것입니다.
사랑은 세상을 현재로 정지시켜놓는 능력이 있어요.

July 7·14

중생은 좋은 일을 하면 그 흔적을 꼭 남기려 하고,
성인은 아무런 자취를 남기지 않고 좋은 일을 합니다.

June 6·18

생각과 나를 동일시하지 마세요.
올라온 생각은 내가 조정할 수 없는 많은 외부 환경에 의해
잠시 일어난 구름이지 내 본래 성품이 아니에요.
지나가는 생각에 붙잡히지 마세요.

July 7.13

완벽한 사람은 없습니다.
오직 자신의 부족함을 잘 아는 사람과
잘 모르는 사람만이 있을 뿐입니다.

June 6.19

사랑을 할 때
조건을 보고 사랑을 하게 되면
그 조건 때문에 나중에 헤어지게 됩니다.
사랑은 '무조건'으로 하는 것입니다.

July 7.12

좋아하는 일이니까 항상 좋을 것이라고
기대하는 것이 잘못입니다.
좋아해서 시작했던 일도 시간이 지나면
재미가 없어지고 힘든 시간이 있을 수 있어요.
어떤 일이든 고된 시간을 이겨내야
결실을 맺는다는 사실을 잊지 말아요.

June 6·20

내 가치는
내가 가지고 있는 돈이나 학력이 아닌
내가 인생을 살아가면서
얼마나 사람들에게 베풀며 살았는가로
측정되어야 합니다.
그렇게 자신의 가치를 만들어가십시오.

July **7.11**

무슨 일을 하기 전에 너무 많은 걱정과 생각을 하면
배가 산으로 가요.
내 직관을 믿고 적당한 선에서
느낌대로 밀어붙이는 것도 때론 필요합니다.

June 6·21

우리는 끊임없는 관계 속에서 살아갑니다.
나와 가족, 친척, 친구, 동료, 이웃….
이 관계들이 행복해야 삶이 행복한 것입니다.
혼자 행복한 것은 그리 오래가지 않습니다.

July 7·10

행복해지고 싶다면
다른 사람이 나에 대해
어떻게 생각하는지 걱정할 시간에
나 자신이 진정 하고 싶은 것을 하십시오.

June 6·22

다른 사람에게 관심을 구걸하지 말아요.
내 실력이 쌓이면 저절로 사람들로부터
관심을 받게 되어 있습니다.
절대로, 존귀한 나를 거지처럼 대하지 마세요.

July 7.9

종은 자신을 더 아프게 때려야 멀리까지 그 소리가 퍼집니다.
지금의 힘든 노력이 없으면 세상을 감동시킬 수 없습니다.
세상은 내가 얼마나 열정을 가지고 공을 들였는지
생각보다 금방 알아봅니다.

June 6.23

이 세상 최고의 명품 옷은 바로
자신감을 입는 것입니다.

July 7.8

지식은 말하려 하지만,
지혜는 들으려 합니다.

June 6.24

세상을 사랑할 수는 있어도 소유할 수는 없습니다.
우주의 시간으로 보면 집이나 차, 옷 같은 것도
아주 잠깐 빌려 쓰는 것이지 소유하고 있지 않습니다.
세상을 그저 사랑하고 감사해하며
잠시지만 누리세요.

July 7.7

우리에겐 완벽한 행복이나 건강은 없는 것 같아요.
갑자기 큰돈이 생기면 형제들 간에 다툼이 생기고,
권력을 갖게 되면 집안 식구들이 속을 썩이고,
너무 잘나가면 생각지도 못했던 안티들도 나타납니다.
이처럼 한 가지를 얻으면 한 가지를 꼭 잃게 되어 있어요.
우주가 그렇게 돌아가니, 너무 큰 행운이나 요행을 바라는 것은
하나만 보고 둘은 못 보기 때문입니다.

June 6.25

화를 내거나, 폭력을 쓰거나, 남을 비난하는 말은
자비한 언행이나 인내보다 즉시 효과가 있는 것처럼 보여요.
하지만 그 일은 두고두고 나를 괴롭히는 상처,
혹은 깊은 후회로 돌아옵니다.

July 7·6

숨이 편안해지면 마음도 따라서 편안해져요.
숨은 생각을 좇아
과거와 미래로 가 있던 우리 마음을
현재로 오게 만드는 놀라운 타임머신입니다.

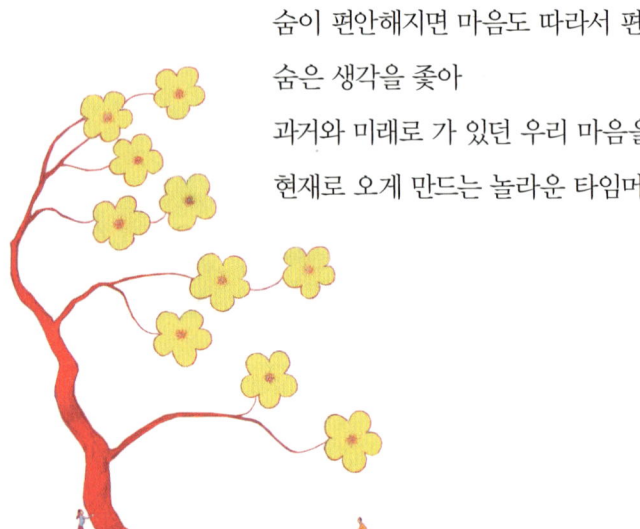

June 6.26

세상엔 완벽한 준비란 없습니다.
삶은 어차피 모험이고 그 모험을 통해
내 영혼이 성숙해지는 학교입니다.

July 7.5

다른 사람을 위해 언제까지 나만 이렇게
혼자 도와야 하나, 하는 서운한 마음이 드세요?
그러면 속으로 삭이지만 말고 말씀하세요.
"나 혼자 하면 힘드니까 같이 좀 도와줄래?"라고요.
그때그때 감정을 조금씩 표현하다 보면, 그것도 늘더라고요.

June 6.27

완벽하진 않아도
85퍼센트 정도 괜찮다 싶으면
넘기고 다음 일을 하세요.
완벽하게 한다고
한없이 붙잡고 있는 거, 좋은 거 아닙니다.
왜냐하면 완벽이라는 것은
내 생각 안에서만 완벽한 거니까요.

July 7·4

그냥 좋아하는 감정이 아직 사랑이 아닌 이유는
그 마음의 출발이 그 사람에 있는 것이 아니고
나 좋은 것에서부터 시작하기 때문입니다.

June 6.28

비행기를 타면 비상시 산소호흡기를
먼저 보호자가 낀 다음에 아이에게 껴주라고 합니다.
마찬가지로 우선 나를 돌보는 것은
결코 이기적인 행동이 아니에요.
내가 행복해야 내 주변 사람도 행복하게 할 수 있으니까요.

July 7·3

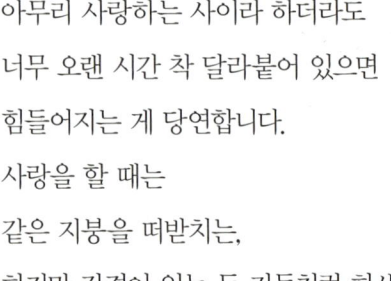

아무리 사랑하는 사이라 하더라도
너무 오랜 시간 착 달라붙어 있으면
힘들어지는 게 당연합니다.
사랑을 할 때는
같은 지붕을 떠받치는,
하지만 간격이 있는 두 기둥처럼 하세요.

June 6.29

우리는 뭔가를 이야기할 때
상대로부터 옳은 이야기를 듣고
싶다기보다는
그냥 내 말을 잘 들어주길 바랄 때가 많아요.
누군가 나에게 이야기할 땐 섣불리 조언하려 하지 말고
상대의 이야기 연료가 다 떨어질 때까지 들어주세요.

July 7 . 2

우리는 "그게 얼마나 어려운 일인데요!"라고
자신과 다른 사람들에게 이야기함으로써
그 일을 진짜로 어렵게 만듭니다.
그냥 하십시오.

June 6.30

자신감이 없으세요?
그럼 운동하세요. 가장 빠른 길입니다.
운동하셨는데도 아직 자신감이 없으세요?
그러면 원願을 세우고 기도하세요.
나는 내 생각으로 아는 존재보다
생각 너머의 훨씬 위대한 존재입니다.

July 7.1

사실, 우리의 말이 축복입니다.
"몸이 가볍고 마음이 평온한 하루 보내세요."
"오늘, 뜻밖의 좋은 일들로 가득하세요."
이런 말들을 주고받는 순간, 그 말에 해당하는
새로운 에너지 장이 우리 주변으로 열려요.